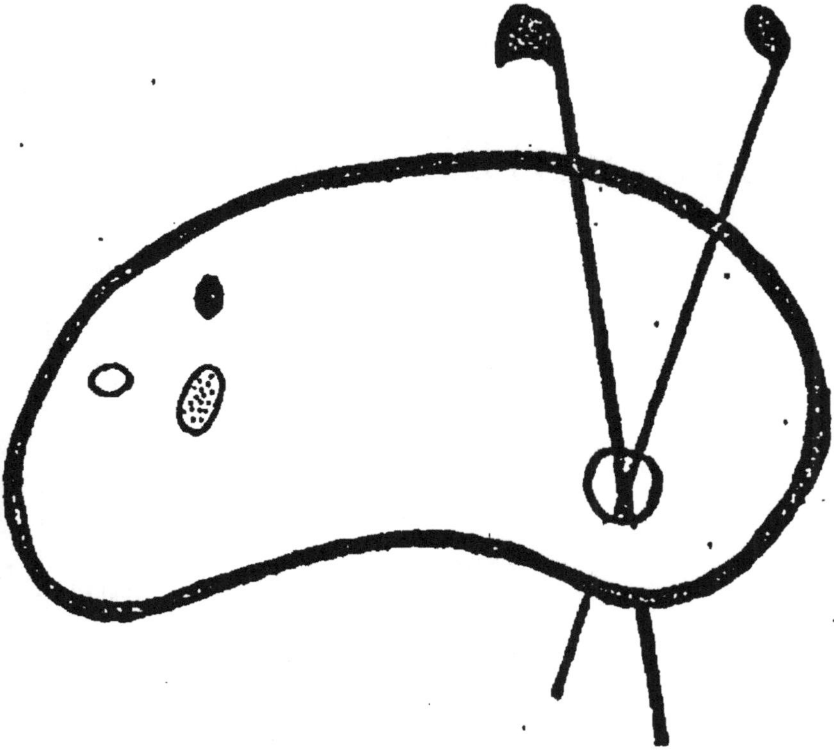

DEBUT D'UNE SERIE DE DOCUMENTS
EN COULEUR

DES

NULLITÉS DE MARIAGE

EN DROIT ROMAIN ET EN DROIT FRANÇAIS

THÈSE POUR LE DOCTORAT

SOUTENUE

PAR

Gabriel DEBACQ

Avocat à la Cour Impériale de Paris

PARIS.

IMPRIMERIE DE MOQUET.

11, Rue des Fossés Saint-Jacques, 11.

1863

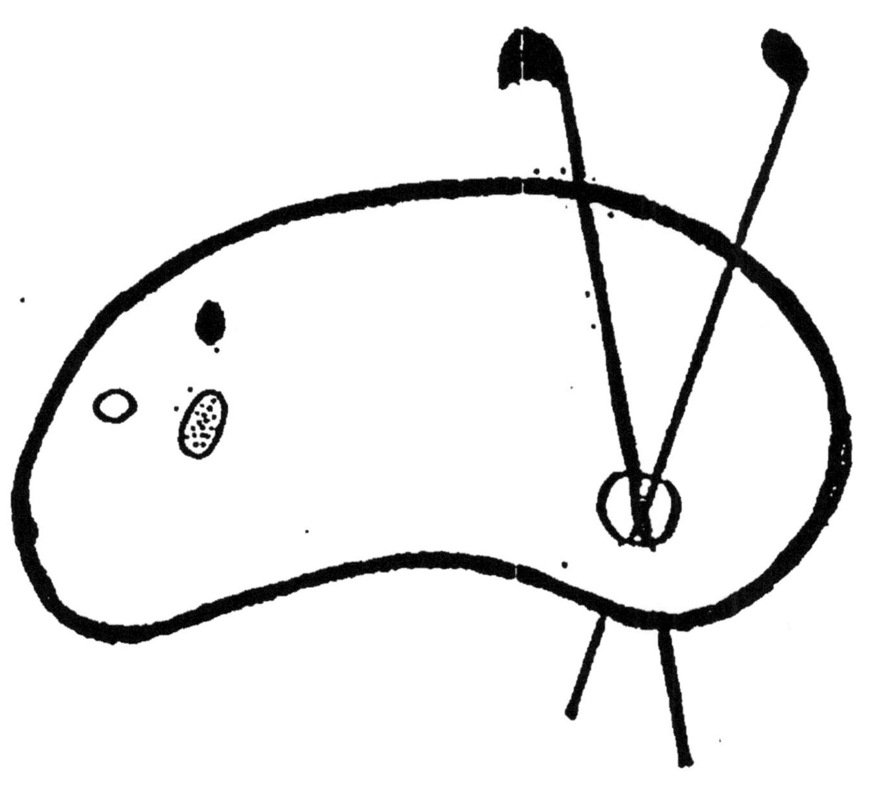

FIN D'UNE SERIE DE DOCUMENTS
EN COULEUR

DES

NULLITÉS DE MARIAGE

———

PARIS.

IMPRIMERIE DE MOQUET.

11, Rue des Fossés Saint-Jacques, 11.

1863

(c)

DES

NULLITÉS DE MARIAGE.

DROIT ROMAIN.

INTRODUCTION.

Les *justæ nuptiæ* sont la base de la famille romaine : Justinien les définit dans ses Institutes
« *Viri et mulieris conjunctio individuam vitæ con-
suetudinem continens*, et le jurisconsulte Modestin,
dans la loi 1re au Digeste *de ritu nuptiarum* : « *Nuptiæ
sunt conjunctio maris et feminæ, consortium omnis
vitæ, divini et humani juris communicatio.* Ces deux
définitions, dont la rédaction semble identique, ou à
peu près, présentaient cependant quelques différences
qu'il importe de noter ; les derniers mots de la définition donnée par Modestin font allusion, en effet,

à une institution de droit civil tombée en désuétude à l'époque de Justinien. Nous voulons parler de la *manus* ou puissance maritale du droit romain.

A l'époque de Modestin, le mariage était encore accompagné de la *conventio uxoris in manum mariti*. Nous n'avons pas à nous occuper ici des effets civils produits par cette institution juridique; nous devons nous contenter de constater que par la *manus* la femme sortant de sa famille, entrait dans celle de son mari, où elle venait acquérir les droits qu'elle avait perdus dans la sienne : c'était là l'*humani juris communicatio*, dont parle Modestin; la femme tombée *in manu mariti* participait également aux *sacra privata* de la famille dans laquelle elle entrait. C'était là la *divini juris communicatio*. Cette institution de la *manus* était tombée en désuétude à l'époque de Justinien, la définition de Modestin n'est donc plus exacte à cette époque.

La *manus*, du reste, était loin d'être générale, au moins à l'époque des jurisconsultes; elle n'était pas une conséquence nécessaire du mariage, auquel elle se rattachait sans en modifier l'essence. Que la femme fût *in manu*, ou qu'elle n'y fût pas, l'institution du mariage, des *justæ nuptiæ*, était toujours la même. Quelques auteurs ont cependant voulu distinguer deux sortes de justes noces : le mariage *rigoureux* et le mariage *simple*. Il y aurait eu, selon eux, mariage rigoureux quand l'union était accompagnée de la *conventio in manum*; mariage non rigoureux ou mariage simple, quand la femme restait dans sa famille, sans entrer dans celle du mari (Marezoll.) Aucun texte ne justifie cette doctrine que nous n'hésitons pas à rejeter, et que du reste la définition de justes noces, donnée par Modestin, ne permet pas d'adopter.

Les deux définitions s'accordent au surplus sur un point : le principal ; toutes les deux reconnaissent et établissent que le mariage crée entre les deux époux une étroite communauté d'existence, une parfaite égalité de condition, (*consortium omnis vitæ : individua vitæ consuetudo.*)

Quelques auteurs ont prétendu que, cette expression, *individua consuetudo*, signifie que le mariage formait un lien indissoluble : la législation romaine tout entière proteste contre une semblable interprétation du texte : les divorces si nombreux de la fin de la république et des premiers temps de l'époque impériale, ne permettent pas de l'accepter.

D'autres commentateurs, Donneau entre autres, prétendent que l'expression *individua vitæ consuetudo*, c'est bien toujours l'indissolubilité du mariage, mais l'indissolubilité intentionnelle, au jour où l'union se forme. « On peut dire, dit Donneau, que les *justæ nuptiæ* peuvent être dissoutes par le divorce; mais cela arrive contre le vœu des contractants et contre la nature du mariage (1). » Les mêmes auteurs ont voulu voir, dans cette *individua vitæ consuetudo*, la grande différence qui d'après eux existait entre la

(1) Donneau, XIII, XVIII, IV. Com. *jur. civil.*

conoubine et l'épouse. « Celle-là, ajoute Donneau, n'était point prise comme compagne de toute la vie. On pouvait, ajoute-t-il, en prenant une concubine, ne la prendre que pour un temps. »

Cette interprétation est encore inexacte et formellement démentie par les textes : l'homme et la femme, dans le concubinat, comme le fait remarquer M. Ducaurroy (1), aussi bien que dans les justes noces, contractaient une union qu'ils avaient l'intention de conserver toujours, jusqu'à la mort de l'un d'eux. « On ne prend ni une épouse, ni une concubine pour un temps. » Aussi n'hésitons-nous pas à déclarer que ces mots *individua vitæ consuetudo*, ne signifient rien autre chose, sinon que la femme par le mariage, est associée au rang, du mari, à ses honneurs, à ses dignités, qu'elle devient son égale.

C'est dans cette association de la femme au mari, lorsqu'il y avait *justæ nuptiæ*, qu'il faut chercher la véritable différence du mariage au concubinat, au concubinat que Pothier considère comme une seconde espèce de mariage, comme un véritable *matrimonium* (2). Sans adopter la théorie de Pothier, certainement trop absolue, puisque le concubinat ne produisait ni les effets ni les conséquences des *justæ nuptiæ*, puisque, au cas de concubinat, il n'y avait ni femme ni dot, *nec vir, nec uxor, nec dos, nec*

---

(1) 40, Dig. *de legatis.* M. Demangeat à son cours. Ducaurroy, Instit. I, X.

(2) Pothier, contrat de mariage, nᵒˢ 6 et 7.

justi liberi, ni participation de la femme aux dignités de l'homme avec lequel elle vivait, on ne peut se refuser à voir dans le concubinat une union autorisée par les lois, qui, dans certaines hypothèses, le conseillent même, de préférence au mariage(1); le concubinat comme le mariage était soumis aux règles, aux principes, que l'intérêt bien entendu de la société, que l'honnêteté publique avaient fait prévaloir en matière de *justæ nuptiæ*. Il était défendu à un homme d'avoir deux concubines à la fois, comme on lui défendait d'avoir deux épouses : les prohibitions fondées sur la parenté ou les convenances s'appliquaient au concubinat comme au mariage, il ne se distinguait des *justæ nuptiæ*, que par l'intention des parties, *ex sola animi destinatione* (2).

Lien plus fragile que le mariage, il pouvait se dissoudre sans divorce, sans qu'il fût nécessaire aux parties d'alléguer aucun prétexte : c'était pour employer l'expression de la loi 3 au Code, 5-27, *de naturalibus liberis, un inequale conjugium* ; c'était une union licite, une institution de droit civil, que les lois avaient réglée et nommée (3), et que la loi Julia affranchissait expressément des peines du *stuprum* ; tous les textes s'accordent cependant à le considérer comme une union moins honorable que les *justæ nuptiæ*, au moins pour la femme. Aussi présumait-t-on toujours les *nuptiæ* jusqu'à preuve

(1) Loi ıv, *de concub.*
(2) Loi 1, (Ulpien) *de concub.* 25, 7.
(3) *Per leges nomen assumpsit.* Loi 3, § 1 *de concub.* Dig.

contraire, quand il s'agissait d'une femme honnête ;
quand un homme, au contraire, s'unissait avec une
femme dissolue, on devait, selon les jurisconsultes,
supposer le concubinat : il en était de même quand
il y avait union entre un citoyen et une femme avec
laquelle il n'avait pas le *connubium* (1).

Enfin, nous trouvons dans les textes l'indication
d'une union inférieure entre l'homme et la femme :
c'est le *contubernium*, ou union de deux esclaves.
La loi ne lui reconnaît aucun effet civil, sauf en
deux hypothèses spéciales : prohibition de mariage
et justes causes de manumission.

Certaines lois font allusion à un mariage possible
entre les pérégrins, ou entre pérégrins ou citoyens romains. Nous aurons occasion de revenir
sur ce mariage de *droit des gens*.

Les quelques considérations que nous venons de
présenter sur les *justæ nuptiæ*, le *connubium* et le
contubernium des esclaves, étaient indispensables
pour l'intelligence de nos développements ulté-
rieurs. Nous n'avons pas l'intention d'exposer la
théorie générale des noces et du concubinat, et des
effets civils que ces deux institutions produisaient ;
nous nous contenterons d'exposer quelles étaient,
en droit romain, les qualités et conditions requises
pour contracter mariage, d'exposer également les

______

(1) Les enfants nés de la concubine ne sont pas des *spurii*, des
vulgo concepti : ce sont des enfants dits *liberi naturales*, ayant
un père connu et qui pendant longtemps furent les seuls à jouir
du bénéfice de la légitimation.

conséquences de la violation des règles et des principes posés par la loi en pareille matière : en d'autres termes, les conditions et les nullités.

TITRE PREMIER.

DES QUALITÉS ET CONDITIONS REQUISES POUR CONTRACTER MARIAGE.

Ces conditions sont de deux sortes : absolues ou relatives.

L'absence des premières forme ce qu'on appelle un empêchement absolu.

Les empêchements absolus sont ceux qui empêchent la personne en qui ils se rencontrent, de contracter aucun mariage.

Lorsque toutes les conditions absolues se réunissent en la personne de l'un des futurs conjoints, on dit qu'il a la capacité absolue ou individuelle.

La réunion, chez deux personnes déterminées, de la capacité individuelle, ne suffit pas pour rendre possible un mariage entre elles ; il faut de plus qu'elles aient la capacité relative, c'est-à-dire, qu'elles soient respectivement capables de s'unir, de se marier l'une à l'autre. Supposons que les deux futurs conjoints réunissent les conditions absolues de capacité individuelle, qu'ils soient membres de la cité, pubères etc.; mais qu'ils soient unis l'un à l'autre par des liens de parenté ou d'alliance au degré prohibé : la qualité de parents, d'alliés, des conjoints l'un à l'égard de l'autre, forme un empêchement relatif.

Nous traiterons successivement, dans cette première partie, des empêchements absolus et des empêchements relatifs.

SECTION I.

Des empêchements absolus.

La législation civile d'un peuple n'est que le reflet de sa constitution sociale et politique. Les institutions de droit privé sont presque toujours puisées dans les institutions de droit public de chaque nation ; les deux premières conditions de capacité absolue que le droit romain exige pour la validité ou plutôt pour l'existence des *justæ nuptiæ* en sont une preuve irrécusable.

L'esclave, l'étranger ne peuvent contracter un *justum matrimonium* : la liberté, le *jus civitatis* sont indispensables à l'existence du mariage ; il n'y a pas pour le citoyen romain *de connubium* (1) avec les étrangers ou avec les esclaves.

(1) Qu'est-ce au juste que le *connubium* en droit romain ? Quelques auteurs soutiennent que *connubium* dans la langue juridique signifie capacité absolue de se marier : la loi 1re *de connub.* l'emploie en effet en ce sens : ainsi que la loi 45, *de de ritu nupt.*, *in fine*. Dans ces textes évidemment le mot *connub.* ne peut être entendu dans le sens de capacité relative. M. Marezoll tient pour cette 1re opinion. D'autres auteurs et parmi eux M. Ortolan, soutiennent que le mot *connubium* signifie non plus capacité individuelle, mais capacité relative. Ulpien,

Le consentement des parties, le consentement
de ceux sous la puissance de qui ils se trouvent,
l'existence d'une première union forment autant
de conditions dont l'absence donne naissance à des
empêchements absolus auxquels viennent se joindre
six autres empêchements également absolus et résultant de l'impuberté des époux ou de l'un d'eux, de
l'engagement dans les ordres, du délai de viduité, ou
de l'incapacité résultant d'un divorce préalable :
enfin de l'adultère de la future épouse ou de la situation spéciale de l'affranchie à l'égard de son patron.

Nous diviserons nos développements sur ce sujet en cinq chapitres :

1° De la liberté et de la cité.

2° De l'âge requis pour contracter mariage

3° Du consentement des parties et de la situation,
spéciale de l'affranchie quant au mariage.

4° Du consentement du chef de famille.

5° De l'existence d'un 1" mariage, de l'adultère,
du délai de viduité et ou de l'incapacité résultant

---

regular. 5 § 3, après avoir dit que *connubium erat uxoris
jure ducendæ facultas,* se hâte d'ajouter que ce *connubium*
n'existe pas entre certains parents rapprochés, et l'emploie très
certainement alors dans le sens de capacité relative. En effet, on
n'a jamais employé le mot *connubium* pour dire qu'un impubère, un castrat ont ou n'ont pas la capacité de contracter mariage. D'un autre côté, la *civitas romana* est une condition absolue des *justæ nuptiæ,* et maints textes déclarent que *non est
civibus cum latinis connubium.* Quelques personnes en ont
déduit que *connubium* signifiait capacité de contracter mariage
tant absolue que relative.

d'un divorce préalable, de l'engagement dans les ordres.

CHAPITRE PREMIER.

DE LA LA LIBERTÉ ET DU DROIT DE CITÉ.

Nul ne pouvait contracter de justes noces s'il n'était libre et citoyen romain, si son futur conjoint n'était comme lui libre et membre de la cité, *justas autem nuptias inter se cives Romani contrahunt.* Inst. IX, *pr.*

Aux yeux de la loi, il n'était pas d'union civile entre esclaves; le commerce d'un esclave avec une femme esclave, même avec une femme libre n'était qu'un *contubernium* (1), union que le droit romain à son origine considérait, ou à peu près, comme l'union de deux animaux, que les lois de la nature devaient seules régler. Ce ne fut que longtemps après que l'on reconnut pour effet au *contubernium* de créer entre esclaves, une sorte de parenté, d'alliance naturelle, qui faisait naître certains empêchements au mariage, et pouvait, dans certains cas, créer une juste cause d'affranchissement.

Le pérégrin est également incapable de contracter des *justæ nuptiæ*; sa situation est pourtant loin d'être la même que celle de l'esclave; il ne peut participer aux institutions du droit civil, qui sont le

____

(1) Lois 32 et 109 *de reg. juris.*—Paul, *sent.* liv. 2, *tit.* 10. — *Ulp. regul. tit.* 5 § 5.

privilége des citoyens; mais il a le droit, comme homme, de participer aux institutions qui naissent du droit commun de toutes les nations, du droit naturel que tous les peuples observent, de contracter par conséquent une union, qui, si elle n'est pas aux yeux de la loi romaine contractée conformément aux règles du droit civil, n'en a pas moins une existence à elle propre, n'en produit pas moins certains effets, de contracter en un mot un mariage du droit des gens.

Les jurisconsultes reconnaissent expressément l'existence du mariage du droit des gens. Ils accordent au mari qui a pris pour femme, une étrangère, une pérégrine, avec laquelle il n'avait pas le *connubium*, le droit de poursuivre sa femme pour cause d'adultère, *jure extranei*, il est vrai, mais avec certains priviléges, que la loi refuse d'ordinaire à un tel accusateur. Ainsi son action devra être admise même s'il est noté d'infamie, s'il est affranchi, sans qu'il ait à justifier de sa paternité ou de sa richesse.

Il faut un divorce pour dissoudre l'union contractée avec un pérégrin. « Si mulier, dit Cicéron, « Topic., n° 4, si mulier quum fuisset nupta cum eo « qui cum connubium non esset, nuntium remisit, « quoniam qui nati sunt patrem non sequuntur, « pro liberis manere nihil oportet. » Si une femme mariée à un homme avec lequel elle n'avait pas le *connubium* lui a signifié qu'elle entendait divorcer, comme les enfants nés de ce mariage ne suivent pas le père, celui-ci ne peut, de ce chef, garder quelque chose par devers lui; c'est un mariage non légitime, mais enfin c'est un mariage (cela résulte clairement de la loi 37 § 4 *ad municipalem*), les enfants qui naissent ont un père certain, des cognats, une famille.

Bien que la *civitas* soit une condition essentielle du mariage romain, cependant, en vertu de concessions spéciales, le peuple romain réuni en comices accorda soit à des Latins pérégrins déterminés, soit même à des nations entières le *jus connubii*.

A l'époque impériale les concessions du *jus connubii* furent prodiguées par les empereurs; les soldats licenciés reçurent le droit de contracter un mariage civil avec les pérégrines ou les femmes latines ; enfin Caracalla, en déclarant citoyens romains tous les sujets de l'empire, leur donna à tous avec le droit de cité le *jus connubii.*

Cependant, selon certains auteurs, la disposition de l'édit de Caracalla ne s'appliquait qu'aux sujets de l'empire existant lors de sa promulgation ; les sujets des provinces annexées après l'édit, restèrent donc pérégrins, et partant ne purent contracter de justes noces avec les autres sujets de l'empire.

Enfin le mariage fut défendu entre les barbares et les citoyens ; non seulement l'union contractée avec l'un d'entre eux n'était pas légitime, n'était pas un *justum matrimonium* ; mais aux termes d'une constitution de Valens et Valentinien, tout citoyen qui épousait une femme barbare avec laquelle il n'avait pas le *connubium*, toute femme romaine qui épousait un barbare étaient punis de mort. Justinien n'a pas renouvelé les peines sévères dont le Code Théodosien frappait les mariages contractés avec les barbares; mais il a prononcé la nullité d'une telle union, et les Institutes ont répété la règle des premiers temps du droit romain : « Il n'y a de justes « noces que celles qui se contractent entre citoyens « romains ». (Inst. liv. l. X. pr.).

CHAPITRE II.

DE L'AGE REQUIS POUR CONTRACTER MARIAGE.

§ 1er. Nul ne pouvait contracter un mariage valable, s'il n'avait atteint l'âge de puberté; l'empêchement qui résultait de l'impuberté des époux ou de l'un d'eux était un empêchement *a contra-hendis* et *a contractis nuptiis*, le mariage n'a d'autre but, dit la loi 2 *sol. mat.* « D.) que *sobolem procreandam, replendamque liberis civitatem.*

L'âge de puberté semble avoir été fixé par Servius Tullius, à 17 ans, au moins pour les hommes. Cet usage tomba en désuétude, et l'âge légal de la puberté fut déterminé, d'après l'état du corps et l'examen des organes. Les fils étaient réputés pubères du jour où leur père leur faisait prendre la robe virile. Fixé ensuite à 12 ans pour les femmes, d'une manière générale, l'âge de la puberté continua à être pendant longtemps pour les hommes déterminé d'après l'ancienne coutume. A l'époque d'Ulpien, d'après les Proculiens, pour que l'homme fût pubère, il devait avoir quatorze ans accomplis. Selon les Sabiniens, tout dépendait de la constitution physique (1).

Justinien fixa l'âge de la puberté légale à 14 ans pour les hommes, et mit ainsi fin à toute controverse. Il y a tout lieu de croire, du reste, qu'il ne fit que confirmer la doctrine qui avait prévalu, celle des Proculiens, qui, dès l'époque d'Honorius, au témoignage de Macrobe, était à peu près généralement admise.

§ 2. La loi qui avait fixé un âge avant lequel il était interdit de contracter mariage, avait-elle, à l'inverse fixé une limite d'âge, passée laquelle, les *justæ nuptiæ* n'étaient plus permises?

A l'époque de Justinien, la vieillesse, quelqu'avancée qu'elle fût, ne formait pas un empêchement au mariage. En était-il de même avant lui? On peut en douter: la loi 27, C. *de nupt.*, porte, en effet, que les noces « quæ inter masculos et femi- « nas majores vel sexagenariis vel quinquagenariis, « lege Julia, vel Papia prohibitæ sunt, » seront désormais permises sans exception. Justinien ajoute,

____

(1) En un seul cas, ces deux écoles se trouvèrent d'accord sur l'âge auquel la puberté devrait être fixée. Au cas où il s'agissait de déterminer à quel âge un homme était réputé avoir la capacité juridique de tester, époque que Proculiens et Sabiniens fixaient à 15 ans. Tout examen physique était en effet impossible. La question ne pouvant s'élever qu'après la mort du testateur.

loi 12, C. *de lege hered.* : que l'enfant né d'une femme âgée de plus de 50 ans, doit être considéré comme légitime, et pourquoi ? parce que, dit l'Empereur, la femme a bien le droit d'être mère à un *âge où j'ai permis qu'elle pût être épouse.* Il semble bien résulter de ces deux textes qu'aux yeux de Justinien, c'était une innovation que de permettre le mariage aux hommes et aux femmes de 60 et 50 ans. On objecte, il est vrai, que ces constitutions de Justinien n'avaient d'autre but que de faire tomber les dernières incapacités des loi Julia et Papia au point de vue pécuniaire. Qu'avant Justinien, l'union d'une quinquagénaire et d'un sexagénaire était impuissante à leur accorder les privilèges qu'un autre mariage leur eût conférés. Que Ulpien (*lit.* 18 § 3 *Resp.*), tout en déclarant que le mariage contracté par l'homme après 60 ans, par la femme après 50 ans, est un *impar matrimonium*, admet cependant en ce cas l'existence d'une dot; qu'il n'y a pas de dot sans mariage ; que d'ailleurs les lois Julia et Pappia n'avaient pas défendu aux sexagénaires, de se marier, qu'elles n'avaient fait que les exempter des peines du célibat et de l'*orbatus* : parceque, selon une opinion généralement admise par les jurisconsultes, à 60 ans les hommes, à 50 ans les femmes, avaient perdu la faculté d'engendrer; qu'il n'y avait donc pas intérêt « à forcer des vieillards à des unions stériles. » Que plus tard cette immunité leur avait été retirée; que le mariage contracté avec une femme de 50 ans avait été frappé de certaines déchéances que les lois 27 C. *de nup.* et 12 C. de *leg. Hered.*, ont eu pour effet de faire disparaître. Ces considérations ont certainement leur importance ; mais le texte absolu des deux lois que nous avons citées, ne permet guères de se rattacher à la doctrine qui, avant Justinien, autorisait le mariage des femmes de 50 ans et des hommes de 60 ans. La prohibition portée par la loi Julia contre de telles unions nous semble hors de doute. Mais le mariage contracté était-il nul? Nous discuterons cette importante question dans un chapitre subséquent (1).

§ 3. Quant à l'impuissant, incapable de remplir le but du mariage « Sobolem procreandi, replendi- « que liberis civitatem, » la loi Julia l'avait dispensé des peines du célibat et de l'*orbitas*. Elle n'avait pas distingué entre le *castrat* et le *spado*, entre l'individu privé des organes générateurs, et celui qui, pourvu de ces organes, était affecté d'un vice naturel qui l'empêchait d'engendrer : les lois postérieures distinguèrent, et interdisant sévèrement le mariage au *castrat* (2) punissant, à l'époque chrétienne, de peines terribles, le prêtre qui avait célébré son mariage, elles permirent à l'impuissant (*spado*) de se marier, d'affranchir une esclave pour en faire son épouse, d'adopter. Toutes choses qui restèrent défendues au *castrat.*

(1) Voir ci-après, Titre II.

(2) Sauf au cas où la femme consentait au mariage. Voy. Dig. loi 39, § 1, 23, 3.

CHAPITRE III.

DU CONSENTEMENT DES PARTIES, ET DE LA SITUATION SPÉCIALE DE L'AFFRANCHIE QUANT AU MARIAGE.

§ 1ᵉʳ. Il n'y a pas de mariage, dit la loi 2, *de ritu nupt.*, quand il n'y a pas consentement. Le consentement des époux est la condition, *sine qua non*, de la validité de l'union ; mais dès qu'il existe, l'union se forme, sans qu'il soit nécessaire que le mariage soit suivi de la cohabitation. Ce consentement, pour être valable, doit être donné par un homme sain d'esprit : le fou ne peut donc contracter mariage ; mais la folie survenant au cours de l'union, n'a pas pour effet de la dissoudre : elle la rend, au contraire, en quelque sorte plus irrévocable ; car elle retire au conjoint en démence le droit d'envoyer le *repudium*, de divorcer.

Le consentement doit être libre ; le fils de famille ne peut être marié malgré lui ; mais si, cédant à la volonté de son père, il vient à contracter une union qu'il n'eût pas, sans doute, contractée sans la contrainte sur lui exercée (1), le mariage est parfaitement valable. Le fils pouvait, en effet, résister à la volonté de son père : dès lors qu'il s'y est soumis, il a consenti : *maluit*, dit la loi.

Cela doit-il s'entendre seulement de la crainte

____

(1) Loi 22, *de ritu nupt.* Dig. 23.

révérentielle? doit-on, au contraire, étendre la règle de la loi 22 au cas où il y aurait eu contrainte effective, violence véritable ? Pothier tient que le jurisconsulte Celsus n'a, par les mots *cogente patre*, entendu parler que de la crainte révérentielle, car, dit-il, sans consentement il n'y aurait pas de mariage, et, s'il y avait violence, il n'y aurait pas consentement. D'autres commentateurs croient, au contraire, que la loi 22 se rapporte au mariage contracté par suite de violence suffisante pour produire la crainte, et cela, disent-ils, résulte de la comparaison de la loi 21 et de la loi 22.

Quoi qu'il en soit pour le fils de famille, il semble résulter des différents textes que le consentement de la fille de famille n'est pas une condition indispensable pour la validité de son mariage, que la fille ne peut se refuser à prendre pour époux celui que son père lui présente, qu'au cas où le futur conjoint est un homme infâme, débauché, menant une vie honteuse. Le droit du fils semble mieux garanti, et au titre *de ritu nupt.*, comme au titre *de sponsalibus*, les textes semblent bien lui reconnaître le droit de se soustraire au mariage proposé par le *paterfamilias ; non cogitur uxorem ducere.*

§ II. Enfin, l'affranchie, aux termes de la loi 28, *de ritu nupt.*, D., n'est pas contrainte à épouser son patron, qui veut la prendre pour femme, à moins que son patron ne l'ait affranchie pour l'épouser. Tant que le patron n'a pas renoncé à ce mariage, elle ne peut contracter une union valable avec un autre que lui. C'est là, d'après quelques auteurs, la seule sanction du droit du patron, la seule contrainte qu'il soit permis d'exercer contre l'affranchie. Le patron peut lui donner à choisir entre le célibat perpétuel ou l'union qu'il lui propose ; mais il ne saurait, d'après eux, la forcer à l'épouser. Nous ne croyons pas que ce soit là le véritable esprit du droit romain: la femme, en acceptant l'affranchissement que le patron lui offrait, affranchissement qu'elle savait ne lui être accordé que *matrimonii causa,* a consenti au mariage qui en était la condition.

§ III. De la situation spéciale de l'affranchie dérivaient pour elle des empêchements particuliers : si elle devenait la femme de son patron, aux termes de la loi Julia, elle n'avait pas le droit de divorcer sans son consentement. Du moins le *repudium* par elle envoyé ne lui donnait-il pas le droit de contracter une seconde union, même, selon Julien, de devenir la concubine d'un autre homme, fût-ce même d'un autre patron. On lui refusait également le droit de réclamer sa dot (11, D., *de div. et rep.*).

La loi, du reste, avant de soumettre l'affranchie à une situation aussi rigoureuse, exige que la qualité de patron de son mari soit régulièrement établie ; le serment du mari eût suffi, en règle générale, pour soumettre la femme aux services dus par les affranchies ; le serment par lui prêté serait insuffisant pour retirer à la femme le bénéfice des règles du droit commun en matière de mariage.

'La qualité du patron fût-elle établie, la femme n'est frappée des incapacités créées par la loi 11, *de divor.*, que si elle lui doit véritablement la liberté. Si donc la femme s'est rachetée elle-même, ou si un tiers a fourni les fonds nécessaires à son affranchissement, l'affranchie ne sera soumise à aucune incapacité particulière ; il en serait de même si le mari avait été, par *fidéicommis*, chargé de lui donner la liberté ; car dans toutes ces hypothèses, le maître n'a pas agi de son propre mouvement ; il n'a fait que *præstare debitam libertatem.*

Mais il en serait autrement, si le maître avait acheté l'esclave de ses propres deniers, en s'engageant cependant à l'affranchir dans un délai déterminé. L'esclave commune, affranchie par ses maîtres, était soumise, si l'un de ses patrons l'épousait, aux règles de la loi Julia sur le mariage des affranchies : c'était du moins l'avis le plus généralement admis.

Les fils du patron pouvaient, à la mort de celui-ci, se prévaloir de son droit sur l'affranchie ; ce droit leur appartenait concurremment et au même titre, sauf au cas où, par assignation spéciale les droits du père avaient passé sur la tête d'un seul de ses enfants.

.Le fils qui a une esclave dans son pécule castrens, peut l'affranchir, et, dans ce cas, le droit de patronage lui appartient exclusivement. Si l'esclave affranchie faisait seulement partie de son pécule profectice, les droits sur l'affranchie appartenaient au père de famille.

La prérogative du patron dure autant que dure sa volonté d'avoir l'affranchie pour femme. Si donc, dit Ulpien, cette volonté vient à cesser, ou si le patron vient à perdre cette qualité, la loi ne peut plus être appliquée. De l'aveu du même Ulpien, la captivité du patron donne à l'affranchie le droit de se marier comme elle l'entend, solution qui est contestée par Julien, à cause, dit-il, du respect que l'affranchie doit à son patron.

Enfin il n'est pas indispensable que le patron énonce expressément son intention de ne pas prendre ou conserver son affranchie pour épouse ; si donc il exerce contre elle l'action *rerum amotarum*, s'il l'accuse d'adultère, ou d'un autre crime dont un mari n'accuse pas sa femme, s'il épouse une autre femme ou seulement la demande en mariage, enfin s'il prend une concubine, l'affranchie peut contracter une nouvelle union.

Les mêmes règles doivent être appliquées à l'affranchie concubine de son patron, au moins est-ce l'avis d'Ulpien qui déclare que, selon lui, la concubine qui a abandonné son patron ne peut pas se marier, que l'affranchie qui vit en concubinat avec son patron, est assimilée à l'épouse ; car dit-il, il est plus honorable pour le patron de prendre son affranchie pour concubine que pour épouse. Cette solution n'était pas universellement reçue; on oppose même à la loi première de *concub.*, où Ulpien énonce ces principes; une autre loi d'Ulpien, 45 de *ritu nupt.* où il est dit que ces règles ne s'appliquent qu'à la femme mariée. Ces mots s'expliquent par ceux qui suivent, « quant à la fiancée, elle pourra toujours renoncer aux fiançailles contractées avec son patron. » Le jurisconsulte n'a voulu là qu'opposer la femme mariée à la fiancée, et faire ressortir la différence que la loi faisait entre elles : il n'est donc pas possible de tirer de cette loi un argument suffisant pour détruire celui que fournit la loi, *de concub.*

Dans un seul cas le patron ne pouvait faire valoir les droits que lui donnait la loi *Julia :* c'était lorsque l'affranchie qu'il avait prise pour épouse était une femme infâme que la loi défendait aux ingénus d'épouser.

CHAPITRE IV.

DU CONSENTEMENT DU PÈRE DE FAMILLE.

§ 1er. Il est de principe, « loi 3 *D. de ritu nuptiarum,* » qu'il ne peut y avoir mariage que si les conjoints ont consenti, que si, comme eux ont consenti ceux en la puissance de qui ils se trouvaient.

C'est là une règle, ainsi que le fait remarquer Théophile dans sa paraphrase, qui est dictée à la fois par la raison civile, et par la raison naturelle. Il est permis de croire cependant qu'en droit romain, la raison civile en pareille matière l'avait de beaucoup emporté sur la raison naturelle, et que le droit exclusif conféré, au père de famille découlait moins du principe qui veut « que ceux qui ont élevé les enfants, c'est-à-dire les parents, jouissent de l'honneur de consentir à leur mariage » (Théophile) que de l'organisation spéciale de la famille romaine; moins aussi du pouvoir d'honneur et de tutelle dont parle Théophile que de la *patria potestas* absolue du droit romain.

L'intérêt seul du père de famille avait dicté la règle de la loi 2, *de ritu nuptiarum ;* l'intérêt des futurs conjoints dont l'inexpérience demandait à être guidée en une circonstance aussi grave (en droit romain surtout, où l'âge compétent pour contracter mariage était si rapproché de l'enfance) n'avait en rien influé sur les dispositions législatives. A 14 ans le fils émancipé, *sui juris,* pouvait contracter mariage sans le consentement du père de famille ; c'est dans ce principe du droit romain qui exempte le fils émancipé de la nécessité de demander le consentement du père de famille que nous trouvons le véritable motif de la règle de la loi 2. *Dig. de rit. nupt.*

Le père doit consentir au mariage ; parce que la famille ne peut sans sa volonté, acquérir un nouveau membre, parce qu'à lui seul appartient le droit de faire sortir de la famille une personne qui en faisait partie, parce que au père de famille seul il appartient d'affranchir un membre de la famille du pouvoir que la loi lui a conféré. Or lorsque le fils de famille contracte mariage, les enfants nés de son union tombent à leur naissance sous la puissance du père de famille. De même quand la fille de famille se mariait, au moins dans l'ancien droit, avec *conventio in manum mariti*, elle sortait de sa famille pour entrer dans celle de son conjoint. Il est vrai que cette conséquence du mariage ne fut pas de bien longue durée, et que les justes noces n'eurent bientôt plus pour résultat de faire sortir l'épouse de la famille et de la puissance de son père ; mais l'ancien principe était trop fortement enraciné dans les mœurs pour disparaître avec la raison qui l'avait fait naître.

Le consentement du père de famille, dans certains cas, ne suffisait pas : supposons, par exemple, que le futur conjoint soit le petit-fils du père de famille ; il faut, dans ce cas spécial, qu'il obtienne d'abord, le consentement de l'aïeul chef de la famille, ensuite celui du fils de cet aïeul, père du futur conjoint. A la mort de l'aïeul, en effet, la puissance paternelle doit passer à son fils. Si l'aïeul était seul appelé à consentir au mariage de son petit-fils, il en résulterait que son fils devenu *sui juris et pater familias*, aurait un jour en sa puissance les enfants de ce petit-fils qui seraient ses héritiers siens. Or, *nemini invito suus heres adgnoscitur*. Il est de règle que l'on ne peut jamais malgré soi avoir d'héritiers siens. Il faudra donc, pour que le mariage se forme, que le futur conjoint obtienne à la fois, le consentement de son aïeul et celui du fils de cet aïeul, qui après la mort de celui-ci lui succédera dans sa qualité de *pater familias.*

S'il s'agit au contraire du mariage d'une petite fille, le consentement de l'aïeul suffit. On sait en effet que les enfants n'entrent pas dans la famille de leur mère ; que dès lors ils ne sont pas appelés à devenir *sui heredes* du fils de l'aïeul : la raison de décider, que nous invoquions tout à l'heure, n'existe donc plus quand il s'agit d'une *neptis ex filio* ; cette solution doit être donnée, même au cas où la petite fille par la *manus* viendrait à sortir de la famille ; car si le père de famille ne peut donner à son fils malgré lui, des héritiers siens, il a le droit de diminuer la famille que celui-ci doit un jour avoir en sa puissance.

Tels sont les principes bien clairement exposés dans la loi 16 D. *de ritu nuptiarum.*

Cette solution se trouve contredite par la loi 3 du même titre, qui donne à un aïeul le droit exclusif de consentir au mariage d'un petit-fils avec une petite-fille issue d'un fils, et tous deux en sa puissance. Accurse prétend qu'il faut ici supposer que le père du petit-fils est mort ou furieux ; dans ce cas, en effet, il est de principe que le consentement de l'aïeul suffit. Faut-il supposer, au contraire, qu'il était fait une exception à la règle générale pour le cas où il s'agit de cousins germains ? Cujas le pense ; selon lui, le consentement du fils était toujours présumé, en pareille hypothèse ; on ne peut, en effet, supposer qu'il puisse valablement s'opposer au mariage de son fils avec une femme, qui fait déjà partie de la famille.

Quoi qu'il en soit de ces explications, la règle posée dans la loi 16 est catégorique ; il semble donc que l'on ne doive voir dans la loi 3 qu'une dissidence, pour une hypothèse spéciale sans influence sur le principe même.

De la constitution spéciale de la famille romaine découlait une autre conséquence, lorsqu'un fils de famille avait été donné en adoption, le droit de consentir au mariage passait au père adoptif, à l'exclusion du père naturel (1).

Le consentement, bien qu'il ait été donné lors d'une première union, est indispensable pour un second mariage, même si la première union a été dissoute par le divorce, et si ce sont les conjoints divorcés qui contractent entr'eux une nouvelle union.

Le fils de famille militaire, malgré le privilége attaché par la loi à l'état militaire, ne peut contracter mariage sans le consentement du *paterfamilias*.

----

(1) Ce principe a été modifié par Justinien. On sait que depuis cet Empereur, le fils adoptif, (au moins quand l'adoptant n'est pas *extraneus*,) reste dans sa famille naturelle où il conserve tous ses droits. Il acquiert seulement dans sa famille adoptive un droit de succession *ab intestat*. A partir de Justinien c'est donc dans tous les cas le père naturel qui est appelé à consentir au mariage de son fils, même donné en adoption dans une autre famille.

§ 2. Dans trois cas seulement le consentement peut être suppléé.

Dans le cas où le père est furieux, captif, absent, ou quand il se refuse à marier ses enfants.

Aux termes de la loi 8 *de his qui sui vel al.*, la folie du père n'a pas pour effet de lui retirer la puissance paternelle; cependant il est impossible à un homme en état actuel de folie de donner un véritable consentement, et d'un autre côté, il est impossible aussi de condamner le fils d'un furieux à un célibat perpétuel; aussi la loi avait-elle d'abord permis à la fille du *mente captus*, c'est-à-dire de l'idiot, de se marier sans le consentement de son père; une constitution de Marc Aurèle avait étendu cette disposition au fils de l'idiot. Quant aux enfants du *furiosus*, c'est-à-dire de l'homme en état de démence ou de fureur, on avait été plus longtemps à leur accorder le même privilége. Ulpien cependant accordait aux petits fils le droit de se marier avec le seul consentement de leur aïeul, si leur père était *furiosus*, avec celui de leur père seulement si l'aïeul *paterfamilias* était en état de démence.

Que décider dans le cas où l'ascendant unique n'est pas sain d'esprit ?

La question a été tranchée par Justinien. Les enfants du *furiosus*, du *mente captus* peuvent se marier avec l'autorisation du magistrat, à Constantinople, du préfet; dans les provinces, de l'évêque ou du président qui sont chargés également de régler la dot, en présence du curateur du furieux et des principaux de la cité.

Le captif est considéré à Rome comme esclave, mais esclave d'un genre spécial, dont l'état n'est définitivement fixé que lors de sa mort en captivité, ou de son retour dans la patrie ; dans la première hypothèse, par application des principes posés dans la loi *Cornelia testamentaria*, il est considéré comme mort du jour où il a été fait prisonnier ; dans le second cas au contraire, *jure postliminii*, il est réputé n'avoir jamais été esclave. Les qualités que la loi lui reconnaît, les droits qu'elle lui confère, la puissance paternelle, et autres, sont réputés lui avoir toujours appartenu sans interruption légale.

Quelle sera donc, pendant la captivité du père, la situation des enfants dont la qualité actuelle de *sui* ou *alieni juris* dépend de l'événement de l'une ou de l'autre des deux hypothèses que nous avons indiquées plus haut, leur faudra-t-il pour se marier attendre la mort ou le retour du captif ? La loi 12, § 3, *de capt.* leur accorde le droit de se marier sans le consentement de leur père prisonnier à l'ennemi, aux termes de la loi 10 *de ritu nup.* la même solution doit être donnée dans le cas où le père est absent ou quand son existence est incertaine.

Mais cette loi 10 *de ritu nupt.* et la loi 9, § 2 exigent dans ces deux cas qu'avant de se marier, les fils de l'absent ou du captif attendent pendant 3 ans le retour de leur père, condition qu'un autre texte ne considère pas comme absolue, et comme rendant illégitime le mariage contracté par l'enfant avant ce délai, si l'épouse par lui choisie est telle que le père ne l'eût certainement pas repoussée.

Enfin, quand le père se refuse sans motifs sérieux à marier ses enfants, ceux-ci peuvent se présenter devant le magistrat qui, après examen, peut forcer le père à consentir à leur mariage. Cette disposition contient une grave dérogation aux principes du vieux droit romain; elle a été établie par le 35ᵉ chapitre de la loi Julia, et ne date conséquemment que des premiers temps de l'époque impériale. Le mariage contracté avec l'autorisation du magistrat est aussi valable que si l'épouse avait obtenu le consentement de son père (1).

Le consentement du *paterfamilias* doit précéder le mariage. Alors qu'il est donné après coup, il rend le mariage légitime dès qu'il intervient, mais n'a pas d'effet rétroactif et ne valide l'union que pour l'avenir.

Cette solution a été contestée ; elle nous semble cependant résulter bien clairement du texte absolu des Institutes et de la loi 13, § 6, *ad leg. Jul. de ad.*, où il est dit expressément que le mari ne peut poursuivre pour adultère, *filiamfamilias cujus*

____

(1) Une constitution de Septime Sévère força le père de famille non-seulement à marier ses enfants, mais encore à les doter. Un texte déclare que le père est réputé mettre obstacle au mariage de ses enfants dès lors qu'il ne leur cherche pas d'époux.

conjunctioni pater postea consensuit, parce que, ajoute Ulpien, au moment où elle a commis la faute pour laquelle le mari la poursuit, elle n'était pas encore devenue son épouse.

Le consentement doit être spécial, déterminé; le mariage contracté par une fille à laquelle son père a donné le mandat général de chercher un mari, ne doit pas être considéré comme légitime; car le mandat général donné par le père n'est pas assimilé à un consentement.

Le consentement du père n'est soumis à aucune condition de forme. Le silence par lui gardé, bien qu'il connaisse le mariage, est assimilé à consentement. C'est ce qui résulte, en ce qui concerne la fille de famille, de la loi 23, *de spons..;* et de la loi 5, *de nup.* C., en ce qui concerne le fils de famille.

A la mort du père de famille, le fils ou la fille de famille devenant *sui juris,* le mariage par eux contracté sans le consentement du père, devient légitime; c'est de cette disposition qu'est sorti notre article 183, C. N. *in fine.*

§ 3. Le défaut de consentement du père entraîne-t-il la nullité du mariage contracté par le fils ou la fille de famille ? Si le père refuse son consentement Aux termes de la loi 2, *de ritu nuptiarum* D., le mariage est nul, inexistant, *nuptiæ consistere non possunt.* On a cependant soutenu le contraire en appuyant sur un texte de Paul, liv. 2, titre 19 § 2 *sent.* où le jurisconsulte après avoir posé en thèse que le mariage du fils de famille contracté sans le consentement du *paterfamilias* est irrégulier ajoute : « sed contracta matrimonia non solvuntur ; con- « templatio publicæ utilitatis privatorum commo- « dis præfertur. » En d'autres termes, le défaut de consentement du père aurait constitué, pour employer le langage d'aujourd'hui, un empêchement prohibitif seulement. Tel était l'avis de Cujas; l'explication donnée par Pothier est bien meilleure; le texte de Paul s'explique historiquement, et doit, pour être bien compris, être rapproché d'un autre texte du même jurisconsulte. « *Bene concordans matrimonium*, y est-il dit, *à patre separari divus Pius prohibuit*, » ce qui veut dire non que le mariage contracté sans le consentement du père est valable, mais que le mariage régulièrement contracté ne peut être dissous par la seule volonté du père.

Avant Antonin, en effet, l'explication rigoureuse des règles juridiques sur la puissance paternelle avait amené les jurisconsultes à décider que si le consentement du père était indispensable à la formation de l'union, il était indispensable aussi à sa continuation, que par conséquent le père, en revenant sur le consentement par lui donné, pouvait briser le mariage. C'est à cette constitution d'Antonin que se refère le jurisconsulte, quand il dit que « *contracta matrimonia non solvuntur.* »

Il résulte cependant de quelques textes du Digeste et du code, que même après cette constitution, le père pouvait encore dans des cas graves dissoudre

le mariage, droit qui ne lui fut définitivement
et sans restriction enlevé par une constitution
de Dioclétien, qui forme la loi 14, Code, *de
nupt.*

§ 4. Le fils émancipé n'était pas tenu d'obtenir le
consentement de son père. Pour la fille émancipée,
le consentement du père était remplacé dans les premiers temps du droit Romain par celui du tuteur que
la loi donnait à toutes les femmes *sui juris*, tutelle
perpétuelle qui disparut peu à peu, et qui au temps
de Gaïus n'avait plus guère d'importance et d'effet
que quand elle était exercée par un patron ou par
un ascendant ; quand le tuteur était un *extraneus*, la
femme consentait seule. De graves inconvénients
résultaient de cette législation peu protectrice des
intérêts de la femme, qui pubère à douze ans pouvait
sans l'autorisation de personne, contracter mariage,
à cet âge. Aussi une constitution de Septime Sévère
I. C. *de nupt.* exigea-t-elle pour le mariage de la
fille *sui juris*, le consentement de son tuteur, de sa
mère et de ses plus proches parents. Une constitution d'Honorius et Théodose (20. C. *de nupt.*) oblige
la fille mineure de 25 ans à obtenir le consentement
de son père s'il est encore vivant, et à son défaut, de
sa mère et des proches parents. Si ceux-ci ne peuvent se mettre d'accord, le magistrat doit décider.
Enfin les veuves mineures de 25 ans même émanci-
pées, ne peuvent contracter un second mariage sans
l'autorisation de leur père, ou à défaut du père de
leurs parents les plus proches, dont l'avis peut être

déféré aux magistrats qui sont alors chargés de prononcer.

Nous avons vu que lorsqu'il s'agit d'un enfant non émancipé, le défaut de consentement du père de famille entraîne la nullité de l'union par lui contractée : lorsqu'il s'agissait d'une fille émancipée, nous croyons que le défaut de consentement du père de famille avait le même résultat. C'est l'avis de Cujas, et il paraît conforme à l'esprit général des textes en cette matière. Le consentement du père suffisait à lui seul pour rendre le mariage possible, alors que la mère n'était appelée à donner son avis que conjointement avec les proches parents ; la décision de la mère et celle de la famille pouvaient être soumises à l'appréciation des magistrats; l'avis du père au contraire, était définitif. Cette dernière solution a été contestée. La loi 18 C. *de nupt.*, porte en effet : *quod si............ mulier patris repugnat sententiæ et propinquorum.* On en a déduit que l'avis du père pouvait être également soumis à la décision des magistrats. Le mot *patris*, d'après Cujas, doit être supprimé. Ce jurisconsulte considère ce mot comme une interpolation. Il est de fait que la constitution originale qui se trouve au code Théodosien ne contient pas le mot *patris*. Le mot *patris* supprimé, il devient impossible de tirer du texte de la loi 18. C. de *nupt.*, une conclusion contraire à l'opinion que nous avons émise. Nous croyons donc que le consentement du père était réclamé à peine de nullité : quant à celui de sa mère, des proches parents, aucun texte ne permet de donner une solution absolue et certaine.

CHAPITRE V.

DE L'EXISTENCE D'UN PREMIER MARIAGE.

Nul ne pouvait contracter un deuxième mariage tant que la première union n'était pas dissoute. Il était également défendu à un citoyen d'avoir deux concubines à la fois sans commettre un *stuprum*. La bigamie, d'abord frappée seulement de la peine de l'infamie, fut sous Justinien punie de mort.

On sait que le mariage pouvait être dissous, de trois manières : par la mort, le divorce, la servitude. Que décider de la captivité de l'un des époux? aux termes de la loi 1re D. *de divortiis*, la captivité comme la servitude est une cause de dissolution du mariage, la femme du captif, dit la loi 12 § 4 Cod. § 1, *de capt.* n'est plus mariée. (*Non in matrimonio est*). Le retour du conjoint captif ne lui rend pas sa qualité d'époux comme elle lui rend sa quali é de père, ajoute la loi 14 § 1er *eod. tit.* le consentement seul des époux peut donner une nouvelle force à l'union ; il s'établit en règle cependant que la femme du captif ne pouvait valablement se marier qu'après un délai de cinq ans. « Loi, 6. D. *de repudiis et divortiis.* » Quelques auteurs ont été plus loin et ont soutenu, en s'appuyant sur cette loi 6, que la captivité du mari ne donnait pas à la femme le droit de contracter un second mariage ; cette loi porte en effet que les femmes des captifs (*eorum qui in hostium potestate sunt, possunt videri nuptarum locum retinere, eo solo quod aliis temere nubere non possunt,*) qu'elles n'ont pas le droit de convoler à de secondes noces (*ad aliud matrimonium migrare,*) à l'époque des jurisconsultes.

Cette disposition de la loi devait être appliquée seulement au cas où il s'agissait d'une affranchie mariée à son patron, *Ulpien* 45. *de ritu nuptiarum* semble même accorder à l'affranchie mariée à son patron le droit de contracter mariage lorsque son conjoint est en captivité ; mais il avoue que Julien est d'un avis contraire, que Julien défend le mariage aux affranchies mariées à leurs patrons. Le texte de la loi 6, est justement un Fragment de Julien. Il est croyable que dans la loi 6 *de divortiis et repudiis,* exposant précisément son opinion sur ce point, ce même Julien avait seulement écrit « *uxores patronorum qui in hostium potestate.* » Lors de la rédaction du Digeste, et pour généraliser la règle, ou mit les deux mots *eorum qui* au lieu du mot *patronorum* : selon Cujas les deux dernières phrases sont du *Tribonien* tout pur « *plane redoleant stylum Triboniani.* » Les mots de la loi *eorum qui* ne sont qu'une interpolation de Justinien qui du reste le déclare dans la novelle 23, ch. VII (1.

(1) Les principes contenus dans la loi 6 *de divortiis* ont été, selon cette novelle, introduits, partie par Justinien lui-même, partie par les empereurs précédents.

Justinien décida que tant qu'on connaîtrait à n'en
pas douter l'existence de l'époux prisonnier, le
conjoint ne pourrait pas se remarier; mais que si
l'on ignorait son sort, le conjoint présent aurait le
droit de contracter un second mariage après cinq
ans passés sans nouvelles, (*nov.* 22, *cap*. VII, 6,
« *de div.* »

2° De l'adultère.

La femme adultère (1) était incapable de contracter un second mariage; en principe nul ne pouvait
épouser une femme condamnée comme adultère. La
femme simplement accusée ne pouvait contracter
un second mariage que si son premier mari venait
à décéder au cours de l'instance; la raison de cette
exception, dit Cujas, est qu'il peut se faire que le
mari reprenne sa femme, avant que la condamna-

(1) A Rome tout citoyen pouvait intenter l'accusation contre la
femme adultère. Dans les soixante jours qui suivaient le délit, 'e
père et le mari jouissaient d'un privilége spécial ; ils avaient le
droit d'accuser la femme de préférence à tout autre citoyen.
C'était là ce qu'on appelait *agere jure mariti.* La femme tant que
durait le mariage pendant lequel le délit avait été commis ne
pouvait être, aux termes de la loi II, § 10 *ad legem Juliam
de adulteriis* (48 5), poursuivie par personne, le mari devait la
répudier immédiatement ; sinon il s'exposait à être poursuivi lui-
même, comme favorisant les débauches de sa femme. *L'extraneus* qui, *constante matrimonio,* veut poursuivre la femme doit
faire condamner le mari aux peines du *lenocinium,* peines que
celui-ci n'encourt que, s'il avait la certitude du crime de sa
femme, et qu'on ne peut lui appliquer, dit la loi 2, C. 9, 9, s'il
n'avait eu jusque-là que des soupçons.

tion ne soit prononcée : lorsque la femme est reprise par son mari, ce n'est pas un nouveau mariage qui est contracté entre les époux, c'est l'ancienne union qui continue, disent les textes. Il arriverait donc; si l'on permettait à la femme de se marier au cours de l'instance, et si son mari la reprenait, qu'il y aurait, comme le fait remarquer Cujas, un deuxième mariage contracté avant la dissolution du premier; ce qui serait contraire aux principes les plus élémentaires du droit.

La sentence de condamnation a pour effet de rendre tout mariage impossible à la femme adultère; c'est un obstacle même à ce que le mari qui l'a fait condamner, puisse contracter avec elle une nouvelle union. On ne peut ni prendre ni reprendre une femme justement condamnée pour adultère, dit Cujas. Celui qui a pris en mariage la femme divorcée avant le jugement de l'instance en adultère contre elle intentée est obligé, après la condamnation, de la répudier.

**3° Du délai de viduité de l'empêchement résultant
du divorce**

Pendant les dix mois qui suivent la mort de son mari, la femme ne peut contracter mariage. Ce délai a été porté par une constitution de Gratien. 2, *de secund. nupt.* Code, à douze mois.

Le motif de la loi est qu'il faut éviter une confusion de part « (propter turbationem sanguinis, « generationisque incertitudinem, loi 53 C. *de episc.*

« *et clericis.*) » Mais le mariage contracté par la femme au mépris de ces dispositions législatives n'est pas nul ; il entratne seulement contre elle la perte de la dot (1) et la condamnation à certaines peines pécuniaires énoncées en la loi 1. *de secund. nupt.* Cette loi première au code de *secund. nupt.*, ne laisse pas de doute à cet égard ; elle suppose, en effet, l'existence d'une dot ; or on sait qu'il n'y a pas de dot où il n'y a pas mariage. Le délai fixé par la loi n'était pas du reste, considéré comme une condition d'importance absolue ; car il résulte d'un texte (III 2. 10,) qu'à l'époque impériale on accordait facilement des dispenses « (ut intra legitimum tem- « pus, mulieri nubere liceat, » enfin la loi 11, *qui. not. infam.* permet à la femme de se remarier avant l'année si elle vient à accoucher avant l'expiration du délai fixé par les lois.

Lorsque le mariage est dissous par le divorce au lieu de l'être par la mort du mari, aux termes d'une constitution d'Honorius et de Théodose, au Code Theod. (2) il faut distinguer plusieurs hypothèses. Quand le divorce a eu lieu sans motif, l'époux qui a envoyé le *repudium* est frappé d'une incapacité perpétuelle de se remarier ; quand le divorce a eu lieu pour cause légère, si c'est la femme qui l'a provoqué, elle est également privée du droit de contracter une nouvelle union avec quelque personne que ce soit ; si c'est le mari, il perd pendant deux ans, le

(1) Lois 15, Code 2, 12.
(2) Lois 2, *de repudiis.*

droit de se remarier;lorsque le divorce a eu lieu pour une juste cause, le mari peut se remarier immédiatement, la femme doit attendre un délai de cinq ans. Cette constitution fut abrogée et remplacée par une constitution de Théodose et Valentinien, qui forme la loi 3 au code *de repud.*: et qui fait défense à la femme lorsque le divorce a eu une cause légitime de se remarier avant un délai d'un an à partir de la séparation, afin qu'il n'y ait pas de confusion de part, dit la constitution.

Si la femme n'établissait pas une juste cause de divorce (1), elle ne pouvait se marier avant un délai de cinq ans, sous peine d'être notée d'infamie (2).

Le mari pouvait dans tous les cas se remarier immédiatement.

§ 5. *De l'engagement dans les ordres.*

Un dernier empêchement absolu au mariage résultait, à l'époque de Justinien, de l'engagement dans les ordres monastiques, du vœu de chasteté.

(1) On sait que le droit de divorcer, d'abord admis à Rome absolument et sans restriction, avait été grâce à l'influence du christianisme, réglementé et restreint. Des lois déterminèrent dans quels cas le divorce serait permis, énumérèrent restrictivement les hypothèses qui y donneraient ouverture.

(2) Justinien dans la novelle 117, chap. x, ordonna que les époux divorcés fussent pour le reste de leur vie enfermés dans un cloître à moins qu'ils ne consentissent à réintégrer leur mariage. (Novelle 134, xxi) Après lui, son successeur Justin Curopalata revint sur ces prohibitions, et autorisa de nouveau le divorce par consentement mutuel.

Dans l'ancienne Rome, les vestales, ne pouvaient contracter mariage avant d'avoir déposé le sacerdoce : des lois au code théodosien 2 et 3, liv. 9, titr. 25, défendent le mariage aux prêtres, diacres et sous-diacres de l'église nouvelle. Elles défendent également à tout citoyen de prendre pour épouses les vierges ou les veuves consacrées au service de Dieu. Justinien fit de cet empêchement simplement prohibitif d'abord un empêchement dirimant. Le droit des novelles, tout en ordonnant aux prêtres de garder le célibat, se contente de prononcer la peine de la déposition contre ceux qui ont contrevenu à la loi. L'engagement dans les ordres, s'il n'était plus une cause de nullité du mariage contracté, constituait du moins encore un empêchement.

SECTION DEUXIÈME

Des empêchements relatifs.

Tels sont les empêchements que nous avons appelés absolus, empêchements qui forment obstacle au mariage d'un individu avec quelque personne que ce soit. Il nous reste à étudier des empêchements qui en supposant que les éléments de capacité absolue existent chez la personne qui veut se marier, ne l'empêchent pas absolument de contracter aucun mariage, mais l'empêchent seulement de contracter mariage avec certaines personnes déterminées. Ces empêchements sont dits relatifs.

Six causes d'empêchements relatifs sont énumérées aux Pandectes.

Ce sont la parenté naturelle et civile : l'alliance, l'honnêteté publique, l'inégalité des conditions, le commandement dans les provinces, l'exercice d'une tutelle ou curatèle. Trois au Code, la différence de religion, le rapt et l'adultère.

Ils ont été dictés au législateur par des motifs de morale et d'honnêteté publique; d'où les trois premiers empêchements relatifs, ainsi que l'empêchement résultant du rapt et de l'adultère, ou par des considérations politiques d'où les empêchements basés sur l'inégalité des conditions et la différence de religion.

Les défenses faites au tuteur d'épouser sa pupille, au fonctionnaire d'épouser une femme de sa province, ont eu pour but de sauvegarder l'indépendance absolue des parties contractantes. L'intérêt privé de la pupille a fait édicter le premier de ces empêchements ; des considérations politiques ont donné naissance au second.

CHAPITRE PREMIER.

DE LA PARENTÉ ET DE L'ALLIANCE.

§ Ier. Le premier empêchement relatif dérive de la parenté : cet empêchement tirait de la constitution particulière de la famille romaine, des règles et des principes tout spéciaux.

En droit romain il existait deux sortes de parenté : la parenté civile, dite *agnatio*, lien qui unissait entre eux les parents soumis à la puissance du même père de famille, et la parenté naturelle, lien qui existait entre personnes issues d'un même auteur commun et qu'on nommait *cognatio*. Ainsi les parents par les femmes étaient des cognats ; car ils n'étaient pas soumis au pouvoir du même chef de famille : ainsi le fils émancipé était le cognat de son frère resté *in potestate*, « car ils étaient tous-deux issus du même auteur commun, » sans être son agnat, car l'émancipé était devenu *sui juris*, et n'était plus soumis à la même *patria potestas* que son frère, non émancipé, alors que la personne adoptée par le père de famille devenait un agnat du fils, resté en puissance, sans pouvoir jamais devenir son cognat, parce qu'il n'existait entre eux aucun lien de parenté naturelle. Deux frères issus du même auteur commun, et soumis à la même puissance sont à la fois cognats et agnats.

Cette distinction du cognat et de l'agnat avait en droit romain, une extrême importance. Le fils adoptif prend place dans la famille civile, est un agnat, avons-nous dit : le fils émancipé n'a plus avec les membres de son ancienne famille, d'autres liens que ceux de la cognation, qu'aucun pouvoir civil ne peut briser : aux yeux de la loi il n'existait d'autres parents que les agnats. Eux seuls, juridiquement, faisaient partie de la famille ; eux seuls étaient appelés à prendre part aux successions qui s'y ouvraient, et pendant longtemps le fils adoptif trouva dans sa qualité d'agnat, le droit de succéder au père de famille, sur la succession duquel, le fils émancipé, bien que cognat du degré le plus rapproché, fut longtemps sans avoir aucun droit.

Cependant, en matière de mariage, au point de vue des empêchements, il n'y avait pas en principe à distinguer entre la parenté civile et la parenté naturelle, entre la cognation et l'agnation. Toutes deux formaient obstacle au mariage, avec cette différence, toutefois, que la qualité de cognat, étant indélébile, perpétuelle, l'empêchement qui en naissait était également perpétuel, tandis que l'agnat introduit dans la famille par l'adoption, cessant d'être parent le jour où sa qualité de fils adoptif cessait, le jour par conséquent de son émancipation, l'empêchement qui résultait de sa parenté civile cessait, au moins en principe, en même temps que l'adoption (1).

Prenons un exemple pour rendre la démonstration plus claire : Primus a une sœur, Secunda, née des mêmes parents que lui; il est émancipé; il ne pourra cependant pas épouser sa sœur; bien que toute parenté civile soit entre eux détruite, parce que la parenté naturelle qui existe entre eux fait encore obstacle au mariage. Supposons, au contraire, que Primus soit seulement le frère adoptif de Secunda, le fils adoptif du père de celle-ci, ou le petit-fils adoptif de son grand-père, tant que dure l'adoption, le mariage sera impossible; mais vienne l'émancipation de Primus, aucun obstacle

(1) **Voy. plus loin.**

ne s'opposera à ce qu'il épouse Secunda; l'émancipation a détruit tous les liens qui l'attachaient à elle; la loi civile peut détruire ce que la loi civile avait créé.

En matière de mariage, la parenté civile et la parenté naturelle forment toutes deux obstacle au mariage.

Le mariage est interdit à l'infini entre les parents en ligne droite, ascendants ou descendants; en ligne collatérale, il est également défendu entre personnes dont l'une n'est qu'à un degré de l'auteur commun. « Nuptiæ consistere non possunt (dit la « loi 53, *de ritu nup.*) inter eas personas, quæ « in numero parentium liberorumve sunt, sive « proximi, sive ulterioris gradus sint. »

En droit romain, comme en droit français, on compte autant de degrés qu'il y a de générations en ligne directe ; le fils, par conséquent, est à un degré du père ; le petit-fils, à deux degrés de l'aïeul, etc. En ligne collatérale, les degrés se comptent par les générations, depuis l'un des parents jusque et non compris l'auteur commun, et depuis celui-ci jusqu'à l'autre parent. Deux frères sont donc au deuxième degré; l'oncle et le neveu, au troisième, etc.

Au deuxième degré collatéral, le mariage est défendu entre le frère et la sœur, germains, utérins ou consanguins; mais cette prohibition ne produisait plus d'effet, comme nous l'avons déjà fait remarquer, quand les deux futurs conjoints étaient seulement *civilement* frère et sœur, sans descendre d'un auteur commun, et que l'émancipation de l'un d'eux avait fait cesser l'agnation. (Inst., 1, 10, § 2.)

Au troisième degré et degrés suivants, le mariage est également prohibé entre l'oncle paternel ou maternel, le grand-oncle, l'arrière-grand-oncle, et la nièce, la petite-nièce, l'arrière-petite-nièce ; entre la tante, la grand'-tante (paternelles ou maternelles, peu importe), et le neveu ou le petit-neveu. Dans ces diverses hypothèses, en effet, l'un des futurs conjoints se trouve à un seul degré de l'auteur commun, et l'un d'eux est à l'égard de l'autre *loco parentis.*

Le mariage de l'oncle avec la fille de son frère fut momentanément permis par un sénatus-consulte de l'an 802 de Rome (le sénatus consulte Claudien).

Ce sénatus-consulte n'avait d'autre but que de rendre possible le mariage de l'empereur Claude avec Agrippine, fille de son frère, le mariage restant interdit entre la nièce et son oncle maternel, entre le neveu et la tante paternelle ou maternelle. L'exemple de l'empereur trouva peu d'imitateurs. Le sénatus consulte resta cependant en vigueur jusqu'au règne des empereurs Constance et Constant, qui abrogèrent le sénatus-consulte Claudien, remirent en vigueur les règles de l'ancien droit (1), et défendirent, sous peine de mort, tout mariage

(1) **L.** 1, *de incest. nupt.* Code Théodosien.

entre l'oncle et la nièce, à quelque branche qu'ils
appartinssent. Ces dispositions furent maintenues
et complétées par deux constitutions postérieures,
que forment les lois 9 Code *de incestis nuptiis*, et 2,
si nupt. ex res. et la prohibition du mariage entre
l'oncle et la nièce, la tante et le neveu, fut rigoureusement renouvelée par Justinien : « Fratris ve-
« ro (1) vel sororis filiam uxorem ducere non licet;
« sed nec neptem fratris vel sororis, quis ducere
« potest..... cujus enim filiam uxorem ducere non
« licet, neque ejus neptem permittitur. »

Il faut bien se garder d'appliquer les derniers
mots du texte que nous venons de citer, à d'autres
hypothèses qu'à celle à laquelle il se rattache immédiatement vraie ; au lieu où elle est placée, l'i-
dée qu'ils expriment serait fausse partout ailleurs.
Le texte des Institutes ne veut dire qu'une chose :
lorsqu'on ne peut épouser la fille, parce qu'on est
au rang d'ascendant par rapport à elle, à plus forte
raison ne peut-on pas épouser la petite-fille, l'arrière-petite-fille. Cette règle de droit ne peut s'appliquer qu'à des parents qui se trouvent au rang
d'ascendants. « Ainsi le petit-fils ne peut épouser,
« (comme le fait remarquer M. Ortolan) la fille de
« son aïeul, sa tante, et cependant il peut en épou-
« ser la petite-fille, sa cousine » (*Exp. hist. des
Instit.*, 2, 205), ou au moins, très-certainement,

1) Just I. X, 2. — Dig. 23, 2, 39, F. Paul.

l'arrière-petite-fille de son aïeul, sa cousine issue de germaine.

Au quatrième degré, la législation avait subi beaucoup de variations. Il résulte cependant de la loi 3, D., *de ritu nupt.*, que les mariages entre cousins germains étaient permis à l'époque des jurisconsultes. Mais à l'origine, au témoignage de Tacite, ces unions étaient peu fréquentes : l'usage, la coutume générale, sinon la loi, les réprouvaient. Ce n'est que vers le temps du règne de l'empereur Claude, qu'elles commencèrent à devenir plus nombreuses, plus habituelles. « Sobrinorum conjugia, « dit Tacite, diu ignorata tempore addito percre- « buisse. *Annal.* 12, 6. » Une loi 2, au Code, *de instit. et substitut.*, en reconnaît formellement l'existence légale. « Ce n'est point, dit le texte, « donner à choisir entre le célibat et des noces « honteuses, que d'engager une fille à prendre pour « époux le fils de la sœur de sa mère, son cou- « sin (1). »

Les empereurs chrétiens défendirent le mariage entre cousins germains. Aux yeux de la nouvelle Eglise, épouser une cousine germaine était presque épouser une sœur (S. Augustin, *Cité de Dieu*, 15, 26). Théodose-le-Grand prononça la peine du feu et de la confiscation contre ceux qui contracte-

---

(1) « Nec enim videri potest, sub specie turpium nuptiarum « viduitatem tibi indixisse, cum te filio sororis suæ, consobrino « tuo, probabili consilio matrimonio jungere voluerit. » (Constitution d'Antonin.)

raient de tels mariages, peines qui furent rapportées par Arcadius, qui se contenta de prononcer la nullité du mariage (1) contracté entre cousins germains, que bientôt après il permit (*Cod. Theod.*, 8 *de incest. nupt.*, Code 19, *de nupt.*). En Occident, la prohibition fut maintenue, sauf le recours au prince, qui s'était, au surplus, réservé le droit d'accorder des dispenses.

Sous Justinien, le mariage des cousins germains était-il permis? L'insertion au Code de la constitution d'Arcadius, que nous venons de citer, ne peut guère laisser douter que ce mariage n'ait été autorisé par Justinien Les Institutes, d'ailleurs (liv. 1, 10, 4), paraissent formels : « Duorum autem fra« trum vel sororum liberi (y est-il dit), vel fratris « et sororis conjungi possunt. » Les enfants de deux frères ou de deux sœurs, comme ceux du frère et de la sœur, peuvent être unis.

Quelques auteurs ont soutenu, cependant, que si le mariage entre cousins germains était permis par le Code, il ne l'était pas par les Institutes, qui sont antérieures à la promulgation du Code. Que le texte des Institutes, tel qu'il existe aujourd'hui, et qui conclut si formellement à la possibilité de ces mariages, a été altéré. Selon eux; le texte original devait porter au contraire : *conjungi non possunt.* Cela résulterait, toujours d'après les mêmes auteurs, de la rédaction de ce paragraphe et de la place qu'il

____

(1) Et la confiscation de la dot.

occupe dans les Institutes. Le paragraphe 3, qui le précède, se termine ainsi : « Ejus vero mulieris « quam pater tuus adoptavit filiam non videris « impediri uxorem ducere, quia neque naturali, « neque civili jure tibi conjungitur. » Comment, après un tel passage, s'expliquer le mot *autem* qui se trouve au commencement du paragraphe qui permettrait, dans une autre opinion, le mariage aux cousins germains ? Il est impossible, ajoute-t-on, que les rédacteurs des Institutes, après avoir déclaré que le fils peut épouser la fille de la femme adoptée par son père, c'est-à-dire, après avoir donné une permission de mariage, a.ent pu raisonnablement ajouter : *duorum autem*..... Néanmoins, les cousins germains pourront se marier. D'un autre côté, le paragraphe 5 (qui suit notre alinéa) commence par le mot *Item*... De même *on ne* peut épouser. Le paragraphe 4 contenait donc une prohibition, puisque le paragraphe 5, qui en contient une, commence par ces mots : *Item ?*

Théophile, dans sa paraphrase des Instituts, écrit « que les enfants de deux frères ou de deux sœurs, d'un frère ou d'une sœur ne peuvent s'unir par mariage » d'après Cujas, Dumoulin, Fabrot, la négation aurait été écrite dans les premières éditions des Instituts ; faut-il donc de tout ceci conclure, que, avant Justinien, et même sous Justinien avant la rédaction du Code, le mariage des cousins germains était interdit ? Il semble bien difficile d'admettre cette solution. Le paragraphe III des Instituts pose en principe que le mariage est permis au quatrième degré, qu'il n'y a d'exception que, au cas où l'une des parties se trouve à l'égard de l'autre *loco parentis* « *sed nec neptem fratris vel sororis qui uxorem ducere potest, quamvis quarto gradu sint.* » (Inst. 1. 10 3.) On peut également expliquer la soi-disant inconséquence qui existe dans le mot *autem* du paragraphe IV. Il y a tout lieu de croire que le mot néanmoins se rapporte *au principium* du paragraphe III, où il est dit que le mariage n'est pas permis entre l'oncle et la nièce, même la petite-nièce « quoique l'on soit avec elle au quatrième degré » le néanmoins du paragraphe IV s'explique alors tout naturellement: le droit de Constantin en cette nature avait été abrogé, et depuis *Arcadius* le le mariage des cousins germains était permis. Quelle loi, quelle constitution avait depuis *Arcadius* remis en vigueur les constitutions abrogées? Nous n'en connaissons aucune. Est-il croyable d'ailleurs que Justinien eût dans ses Instituts édicté une règle, posé un principe qu'il eût abandonné lors de la rédaction des Pandectes et du code, car tous les textes de sa compilation autorisent le mariage des cousins germains. »

Nous avons dit plus haut que, en thèse générale, la parenté purement civile était détruite par l'émancipation : par conséquent, une fille pouvait épouser le fils adoptif de son père par lui émancipé ; ceci n'est vrai que pour la ligne collatérale; en ligne collatérale seulement la prohibition basée sur l'alliance civile disparaissait avec l'agnation ; en ligne directe la parenté civile était un obstacle permanent au mariage : et l'adoption fût-elle détruite par l'émancipation, toute relation de droit civil eût-elle aussi disparu entre l'ascendant adoptif et celui qu'il a adopté ; le mariage reste toujours interdit : le père adoptif ne pourra jamais, disent les textes, épouser sa fille adoptive même émancipée.

Cette parenté civile résultant de l'adoption, est, lorsqu'elle existe, un empêchement, non seulement à *suscipiendis*, mais a *susceptis nuptiis*, en d'autres termes, si l'un des époux devient le fils adoptif du père de son conjoint, le mariage valable à son origine, est immédiatement invalidé (voyez ci-après. Le père de famille peut s'il, le veut, adopter, son gendre, dit la loi 17 § 1 *de ritu nuptiarum* : mais il doit avoir préalablement émancipé sa fille ; s'il arrivait, en effet, que l'adoption du gendre eût lieu avant l'émancipation de la fille, le mariage serait dissous ; car la femme ne saurait tout à la fois être l'épouse et la sœur de son mari. Il semblerait plus naturel, en pareil cas, d'annuler l'adoption et de maintenir le mariage ; mais la loi romaine en avait disposé autrement ; aucun doute ne peut s'élever à cet égard. Théophile, liv. 1. t. 10. § 2, trad. Fregier, s'en explique formellement, si quelqu'un, dit-il, veut adopter son gendre, il doit d'abord émanciper sa fille, et si celui qui a un fils veut dopter sa bru, il doit avant tout, émanciper son _fils; s'il ne le fait pas, l'adoption de son gendre et de sa bru fera dissoudre leurs noces ; car les époux seront frères et sœurs, et le mariage ne peut avoir lieu entre frère et sœur même adoptifs). Enfin la loi 67 *de ritu nuptiarum.*, Dig. vient donner une nouvelle force à l'assertion de Théophile : « quand le fils de Titius a épousé celle qui été votre pupille, et quand vous avez adopté Titius ou son fils, le mariage *sera-t-il détruit comme cela arrive pour le gendre émancipé*, ou l'adoption sera-t-elle empêchée (1) » : cette décision des jurisconsultes est une

(1) Le jurisconsulte Tryphoninus semble admettre, en un certain cas qu'adoption et mariage seront tous deux valables, coexisteront. Voici l'hypothèse qu'il propose : Titius a épousé une femme qui a été la pupille, puis devient ton fils adoptif. Le jurisconsulte se demande si en ce cas le mariage sera annulé comme lorsqu'un père de famille adopte son gendre, ou si au contraire l'adoption sera défendue. On sait que le tuteur et son fils ne peuvent épouser la pupille. Après l'adoption du mari, la pupille se trouve dans une telle situation juridique que il lui serait maintenant impossible d'épouser son mari actuel, devenu fils adoptif du curateur de sa femme. Selon Tryphoninus, le mariage continuera d'exister, et l'adoption ne pourra s'accomplir tant que le curateur restera en fonctions. Si au contraire la curatèle est finie, l'adoption, dit le jurisconsulte, ne peut être annulée sous prétexte d'entraves apportées à la reddition des comptes. Quant au sort du mariage, il n'en est pas question, et le jurisconsulte conclut plutôt à la validité qu'à la nullité. Pourquoi refuse-t-il au gendre le droit d'être à la fois le fils adoptif et lgendre du père de sa femme, parce que, dit-il, il ne peut être à la fois le mari et le frère de sa femme. La même raison de décider n'existe pas, au cas prévu par le § 3, de la loi 67, et tout porte à croire que le jurisconsulte admettait la validité du mariage. On se demande vainement pourquoi T. phoninus a distingué entre l'hypothèse où la curatèle est finie

conséquence du droit exorbitant, reconnu au père par le droit romain avant les constitutions d'Antonin; un résultat de cette doctrine, qui voulait que le consentement du père fût aussi nécessaire à la continuation du mariage qu'à formation, et qui permettait *au paterfamilias* de briser le mariage contracté par sa fille : le père, en adoptant son gendre sans émanciper sa fille, déclarait par là même qu'il entendait rompre le mariage. D'un autre coté à Rome, comme le fait remarquer M. Demangeat, le divorce était permis, l'adopté, en consentant à l'adoption que son beau père lui offre, est légalement présumé avoir voulu divorcer, avoir voulu répudier sa femme, que l'adoption fait sa sœur. On sait qu'à l'époque de Justinien la *patria potestas* avait perdu beaucoup de ses attributs, que le droit donné au père de briser le mariage auquel il avait primitivement consenti lui avait été retiré. Dès avant cette époque, cette rupture du mariage par adoption postérieure du gendre put être considérée avec défaveur et le texte des Instituts et celui d'un second fragment de Théophile, sans être formellement opposé à la règle que nous avons énoncée plus haut pourraient témoigner d'un certain doute, de la tendance que

(avant le délai de restitution) et celle où le curateur est en exercice. On a, à bout d'arguments, proposé de mettre la particule *non* avant le mot *vereor* et de changer ainsi le sens de la deuxième partie du paragraphe. Il n'y a pas de bonne raison pour autoriser ce changement que la construction de la phrase repousse absolument.

pouvaient avoir les jurisconsultes à prononcer en ce cas plutôt la nullité de l'adoption que la nullité du mariage, de faire triompher le principe de la validité absolue de l'union régulièrement contractée à son origine. (Voyez ci-après la discussion de la question suivante, quelle est l'influence de l'empêchement survenu sur le mariage contracté?)

L'adrogation ayant pour effet de faire passer sous la puissance du même *paterfamilias*, non seulement l'homme qui se donne en adrogation, mais les enfants, qui étaient soumis à sa *patria potestas*, il en résulte que le fils de ce père de famille ne peut pas contracter mariage avec la fille ou la petite, fille de l'adrogé dont il devient civilement, l'oncle ou le grand oncle. Quant à l'adoption pure et simple, il faut, pour savoir s'il y a empêchement de mariage entre les enfants du père de famille et ceux de la femme adoptée, distinguer deux hypothèses : 1° si les enfants de l'adopté sont nés ou seulement conçus lors de l'adoption, il n'y a pas d'empêchement au mariage, car les enfants restent dans la famille de leur aïeul, et aucune relation de parenté n'est créée entre eux et la famille de l'adoptant. Si les enfants de l'adopté sont nés, au contraire, après l'adoption, il en est autrement, car ils se trouvent réellement dans la famille de celui qui a adopté leur père; ils sont donc les agnats des enfants non émancipés du père adoptif.

Tout ce que nous venons de dire ne s'applique qu'au cas d'adoption d'un individu du sexe masculin. Si l'on suppose, au contraire, une femme adoptée par mon père, je pourrai valablement contracter mariage avec la fille de cette femme, même conçue après l'adoption; car aucun lien ne me rattache à elle : nul, en effet, disent les textes, ne peut avoir un oncle ou une tante maternelle par adoption (Ulpien, loi 12 *de rit. nupt.*) Je pourrais donc *stricto jure* épouser la sœur de celui que mon grand-père a adopté *loco filii*, car les sœurs de cet homme ne sont pas passées dans la nouvelle famille de leur frère, et ne sont partant pas devenues nos agnates. (Voyez page 60.)

§ 2. *De l'alliance.*

L'alliance est le lien établi par le mariage entre les cognations des époux : mais, comme le fait remarquer M. Ortolan, le lien que formait l'alliance entre les parents de l'un des époux et ceux de l'autre était peu étroit; il ne produisait, pour ainsi dire, d'effet que dans les relations amicales de la famille : l'alliance reconnue par la loi, la véritable alliance était celle que formait le mariage entre chacun des époux et les cognats de l'autre. L'une des cognations, dit la loi 4 § 3 *de gradibus*, se joint à l'extrémité de l'autre, mais elle ne se rattache pas et ne se fond pas avec l'autre cognation...(1) Ne seraient donc pas

(1) Voici comment Cujas exprimait cette idée : de même que deux morceaux de bois sont joints avec de la colle, de même les deux cognations sont unies par le mariage, de telle sorte que ce soit seulement les deux points extrêmes qui se trouvent rapprochés.

alliés et pourraient contracter valable mariage le fils qu'a eu de son premier mari une femme remariée et la fille que son second mari a eue d'un premier mariage, encore bien qu'il soit né un frère commun du deuxième mariage de leurs parents. (Instituts. 1, X. 8. Entre alliés en ligne directe, le mariage est interdit à l'infini : nul ne peut épouser *sa socrus*, sa *noverca*, (belle-mère marâtre) sa bru ou sa belle-fille *(nurus aut privigna)*; nulle femme à son tour ne peut épouser son gendre ou son beau-fils. Son beau-père ou le deuxième mari de sa mère; le mariage est également interdit entre le beau-père et l'enfant de la belle-fille, la belle-mère et l'enfant de son *privignus*. Toutes ces personnes sont, en effet et réciproquement *loco parentum et libero-rum*.

En ligne collatérale, il n'existait dans l'ancien droit romain aucun empêchement résultant de l'alliance. Une constitution des Empereurs Constance et Constant, qui forme la loi 2 au code Théodosien de *incestis nuptiis* et des constitutions postérieures, lois 5 8 et 9. Code de Justinien de *incest. nupt.* prohibèrent le mariage entre beaux-frères et belles-sœurs, et le proscrivirent comme incestueux.

Notons en passant que l'alliance ne produit son effet qu'après la mort de celui des conjoints qui l'avait fait naître, ou la dissolution du premier mariage par un divorce ou autrement : tant que subsiste le mariage générateur de l'alliance, ce n'est point l'empêchement pour cause d'alliance qui fait obstacle à ce que l'un des conjoints d'épouser l'un des parents de son conjoint. C'est le principe qui veut que nul ne contracte un second mariage avant la dissolution du premier.

CHAPITRE II.

EMPÉCHEMENTS BASÉS SUR L'HONNÊTETÉ PUBLIQUE.

En matière de mariage, a dit le jurisconsulte Paul, on doit tenir compte du droit naturel et de l'honnêteté publique *Naturale jus et pudor inspicien̄dus est.* (54 *de ritu nupt.* 14 § 2.) De ce principe posé par les jurisconsultes, découlaient en droit romain de nombreux empêchements au mariage de personnes, qui, rigoureusement, en droit strict eussent pu contracter une union valable, mais que la morale eût réprouvée. Il fallait, ajoutaient les jurisconsultes, lorsqu'il s'agissait de justes noces, considérer non pas seulement « quod liceat, sed quod honestum sit.» Aussi le mariage de l'ascendant avec sa fille adoptive même émancipée, bien que la parenté civile fût dissoute par l'émancipation, du père de famille avec la femme de son fils adoptif, même émancipé, de celui-ci avec l'ancienne épouse de l'adoptant, d'abord réprouvé par l'esprit public, fut ensuite défendu par les lois.

Un texte de Paul la loi 23 *de adopt.* décide que: bien que la femme et la nièce de l'adoptant soient des étrangères pour l'adopté, le mariage est prohibé cependant, et demeure tel, quand même il y aurait eu émancipation dissolvant l'adoption. A ce texte on oppose la loi 55, *de ritu nupt.*, texte de Gaïus, qui porte: que l'on ne peut épouser ni la mère de son père adoptif, ni sa tante maternelle, ni sa petite-fille, née d'un fils; qu'il en est ainsi tant que l'on fait partie de la famille. Qu'autrement si l'on est émancipé, on devient totalement étranger à la famille adoptive. Voici deux textes en antinomie flagrante. Pour les concilier, Cujas, et après lui Pothier, ont supprimé le mot *materterem*, qui se serait, d'après eux, glissé mal à propos dans les manuscrits. Il est toujours fort grave de supprimer un mot ou de modifier un texte. Aussi croyons-nous qu'il vaut mieux conserver les deux textes entiers, encore bien peuvent-ils être expliqués tous les deux; cette explication, nous la trouvons dans Pothier lui-même, qui dans une hypothèse analogue, donne, croyons nous, la vraie solution : le texte de Gaïus que nous avons cité, défend au fils adoptif d'épouser la tante maternelle de l'adoptant, Ulpien au contraire loi 12. § 4 *de ritu nupt.*, permet au fils adoptif d'é-pouser la sœur utérine de son père. Voici encore deux textes qui se combattent: l'explication que Pothier donne en ce cas, semble, selon nous, pou-voir s'appliquer à la difficulté précédemment posée, à ces textes contraires de Paul et de Gaïus aussi bien qu'aux lois de Gaïus et d'Ulpien. Pour moi, dit Pothier, je pense qu'il faut dire qu'Ulpien dans la loi 12 § 4 *de ritu nupt.*, ne considère que les vérita bles règles de la parenté, *solam exactam cognationis notionem,* que le fait que les nouveaux parents de l'adopté sont les seuls agnats de l'adoptant : et qu'il raisonne selon le droit abstrait et strict. Et en application des principes de droit strict, la sœur utérine de mon père adoptif, sa tante maternelle, sa mère même ne sont pas mes parentes, et je puis les épouser : mais ces mariages, que le droit strict permet, sont réprouvés par l'honnêteté publique : car celle-ci défend le mariage non-seulement entre parents véritables et légitimes, mais même entre personnes qui ne sont liées que par une ombre de parenté, mais qui cependant ont été, en quelque sorte respectivement *loco parentum et liberorum.* Ne peut-on pas, dans notre première hypothèse comme dans celle exposée par Pothier, expliquer l'antinomie en disant que les deux jurisconsultes se sont placés à un point de vue différent; que l'un a raisonné au point de vue du droit strict, l'autre au point de vue seulement de l'honnêteté publique. Une divergence d'opinions serait-elle a surplus bien étonnante en une matière qui était réglée non par des lois précises, mais *moribus* ? Toujours guidés par les mêmes motifs, les jurisconsultes en étaient venus à défendre le mariage entre le père de famille et la veuve de son beau-fils, du mari de la belle-fille décédée avec la belle-mère de sa première femme. L'union d'un homme avec sa fille que son conjoint divorcé aurait eue d'un deuxième mariage.

Du même principe de convenances et d'honnêteté

publique découlait la défense faite aux enfants de prendre pour femme la concubine de leur père ou de leur aïeul, sous peine de commettre un *stuprum*. Était également défendu comme incesteux le mariage contracté entre un homme et la mère de sa fiancée, bien que le mariage n'eût jamais eu lieu : entre un fils et la fiancée de son père et réciproquement; car, aux yeux de la loi romaine, la fiancée du père est à l'égard du fils une sorte de *noverca* ; la fiancée du fils à l'égard du père, une sorte de *nurus.*

De même on devait prendre en considération, l'espèce de lien qui résultait d'un commerce illicite. Une sorte d'alliance, ou plutôt de rapport naturel existait entre le père et la fille *vulgo quœsita*, et ces rapports suffisaient pour rendre le mariage impossible entre eux, comme entre le frère et la sœur nés hors mariage, ou nés de parents vivant en concubinat.

Il suffisait que les relations fussent prouvées pour que le mariage fût interdit entre le concubin et la fille née de la femme avec laquelle il avait eu des relations, encore bien qu'on pût douter qu'il en fût le père. (loi 14 § 8 *de rit. nupt*) l'honnêteté publique s'opposait en effet à ce qu'un père pût épouser sa fille.

Bien que le *contubernium* des esclaves ne fût pas reconnu par la loi, bien qu'il n'y eût pas, à proprement parler, de cognation servile; que le fils ne fut pas en droit strict le cognat de son père esclave.

Dans une matière où, comme le disaient les jurisconsultes, les mœurs avaient plus d'empire que les
lois; où le droit strict devait céder devant les principes de la morale et de l'honnêteté publique on en
vint à tenir compte de ces liens du sang formés par
le *contubernium* et à prohiber le mariage entre les
affranchis cognats, à défendre à l'affranchi d'épouser
sa mère, sa sœur, la fille de sa sœur (1). Il s'établit
avec le temps que l'on devait tenir compte non plus
seulement de la cognation, de la parenté servile,
mais aussi de l'alliance servile, et l'on fit naître du
contubernium et des relations, qu'il créait des prohibitions analogues à celles qui naissaient de la
parenté ou de l'alliance chez les hommes libres.

Sur les mêmes principes de convenances et
d'honnêteté publique était basée la défense faite
à l'affranchi d'épouser sa patronne, la femme ou la
fille ou la petite fille de son patron. Il ne fallait pas,
dit Cujas, que l'affranchi, qui devait être soumis à
sa patronne fût sous sa puissance en qualité de
femme.

La défense, du reste, n'était pas absolue; ce que
la loi avait voulu, en défendant à la patronne d'é-
pouser l'affranchi, c'était conserver intact le prestige de la puissance dominicale à laquelle une semblable union aurait pu porter atteinte. Aussi quand
la femme, la patronne, qui consentait à épouser
son affranchi, était de condition si basse, de mœurs

(1) La loi ne dit pas nièce à cause du sénatus-consulte Claudien.

si misérables (*tam ignobilis,*) qu'une telle union ne fût plus pour elle une mésalliance, la cause d'un plus grand déshonneur; mais qu'un tel mariage fût au contraire en rapport avec sa situation et sa conduite (*honestum sit,*) elle pouvait, après examen de l'affaire de la part du magistrat, être autorisée à épouser son affranchi. Si le mariage était contracté sans la permission du juge, l'affranchi coupable devait, aux termes d'un rescrit d'Alexandre-Sévère, être traduit devant le magistrat, et être condamné à la peine des travaux publics.

A l'inverse il était permis au patron d'épouser son affranchie, sans distinguer si elle avait été ou non élevée par lui. Dans ce dernier cas, les anciens jurisconsultes hésitaient à permettre le mariage. Il était à leurs yeux plus convenable que le patron ne pût épouser *quam ab initio loco filiæ habuit, ut filiam educavit.* Quoi qu'il en fût dans l'ancien droit, Justinien permit le mariage du patron avec l'affranchie, par lui élevée; mais il interdit toute union entre le maître et l'affranchie par lui tenue sur les fonds de baptême.

CHAPITRE III.

DE L'INÉGALITÉ DES CONDITIONS ET DES PROHIBITIONS DE LA LOI JULIA.

L'inégalité des conditions était la base de la constitution romaine, le peuple-roi, n'obtint l'égalité civile et politique, qu'en sacrifiant sa liberté. La loi des XII Tables avait prohibé le mariage entre patriciens et plébéiens. Un plébiscite rendu vers l'an 309 de Rome, sur la proposition du tribun Canuleius, fit tomber la prohibition; mais tant que dura la République, les lois se refusèrent à admettre que les affranchis pussent s'allier à des citoyens romains. Ce ne fut qu'aux premiers jours de l'Empire, que la loi Julia accorda aux affranchis le droit de contracter de justes noces avec des ingénus, faveur que le peuple avait quelquefois, à titre de récompense accordée à divers affranchis qu'il jugeait avoir bien mérité de la République. Mais ce droit ne fut accordé aux affranchis qu'avec certaines restrictions que les lois Julia et Pappia Poppea énumérèrent avec le plus grand soin.

Auguste tenta par la fiscalité de remédier à la corruption des mœurs et à l'épuisement de la population. Condamnant à certaines peines les célibataires, frappant de certaines incapacités les *orbi*, c'est-à-dire l'homme ou la femme mariés sans enfants, il s'efforça, en accordant au père de famille des priviléges exceptionnels d'encourager les mariages que les célibataires abandonnaient.

Les *cœlibes* et les *orbi* furent frappés d'incapacité totale ou partielle de recueillir les legs et les hérédités civiles que les lois Julia et Pappia attribuèrent aux *patres*, qui étaient également exempts lorsqu'ils avaient à Rome trois enfants, en Italie quatre, de toutes les charges dites *munera personalia*, pendant que le *jus liberorum* affranchissait les femmes de la tutelle perpétuelle à laquelle la loi les soumettait. Le magistrat qui se trouve ` la tête de la famille la plus nombreuse marchait le premier dans les cérémonies; enfin le citoyen trop jeune pour aspirer aux magistratures (aux *honores*, comme on disait alors) obtenait la dispense d'autant d'années qu'il avait d'enfants; mais peu de citoyens se laissent entraîner au mariage par les priviléges que les lois accordaient aux *patres familias*. Ces lois, dit Tacite, ne firent pas contracter plus de mariage ni élever plus d'enfants (nec ideo conjugia et educa- « tiones liberorum frequentabantur prævalida or · « bitate)...... On gagnait trop à l'isolement. » Elles irent d'autres résultats que de donner aux affranchis le droit de contracter mariage avec les ingénues, sauf quelques exceptions que nous avons maintenant à exposer.

Il fut défendu à tout ingénu d'épouser une femme qui s'était livrée à la prostitution, la proxénète (*lena*) l'affranchie du *leno* et de la *lena*, la comédienne, la femme condamnée pour adultère ou surprise en adultère, la femme condamnée sur une accusation publique, ou condamnée par le sénat.

La loi Julia défendit aux sénateurs et à leurs enfants d'épouser : 1° des affranchies; 2° des comédiennes; 3° toutes personnes dont le père ou la mère aurait exercé le métier de comédien ; 4° des prostituées (*Ulp. reg.* 12); comme on le voit, l'énumération d'Ulpien ne comprenait ni la *lena*, ni son affranchie, ni la femme surprise en adultère ni celle condamnée sur une accusation publique. « Il était défendu cependant aux ingénus de les épouser. » M. Savigny en a déduit que de tels mariages n'étaient pas interdits aux sénateurs ; que les jurisconsultes seuls avec le temps avaient étendu à ceux-ci les prohibitions qui d'abord ne frappaient que les ingénus. Cependant les sénateurs revêtus de cette dignité, étaient avant tout ingénus ; il semble donc naturel de croire que dès l'époque de la loi Julia les mariages défendus aux ingénus le furent aussi, et à plus forte raison aux sénateurs : quoi qu'il en soit, à l'époque de Paul, la question était bien formellement tranchée en ce sens.

Les mêmes prohibitions, qui s'opposaient au mariage du sénateur ou de son fils, avec certaines personnes déterminées s'opposaient également au mariage de sa fille ou de sa petite fille avec un affranchi, un comédien, un *leno*, un homme dont le père ou la mère avaient exercé le métier de comédiens.

Peu importe, quand on parle du père comédien, qu'il ait ou non son fils sous sa puissance : qu'il soit père naturel ou père adoptif ; que la mère ait ou non conçu en légitime mariage ; quand le père est comédien, la prohibition ne frappe pas ses enfants *vulgo concepti*, qui ne suivent pas sa condition ; mais elle frappe ses enfants légitimes, même quand leur père a abandonné le théâtre avant leur naissance, ses enfants adoptifs, même s'il a cessé

d'être comédien avant l'adoption. Tout au contraire
de la mort du père naturel comédien, l'émancipation, au moins cela semble résulter d'un texte de
Pomponius, cité dans loi 44 § 5 de *ritu nupt.* avait
pour effet de soustraire le fils adoptif du comédien
aux incapacités de la loi Julia.

Si pendant le mariage survient un empêchement
qui, s'il eût existé lors de la formation de l'union, eût
rendu le mariage impossible, les solutions sont très
différentes selon les diverses espèces prévues par
les textes : nous l'avons déjà fait remarquer plus
haut.

Ainsi un sénateur a pris pour épouse une femme
ingénue, et les parents de celle-ci montent ensuite sur
le théâtre, la loi 44 § 6 déclare qu'il serait inique,
injuste de rompre un mariage honnête, régulier à
l'origine, dont il est peut-être né des enfants, et
décide qu'il doit être maintenu. A côté de cette
solution et dans la même loi, on décide que si c'est
la femme du sénateur qui s'est faite comédienne,
elle devra être immédiatement répudiée par son
mari. Au témoignage de la loi 23 C. *de nupt.*, le mariage était également dissous lorsque l'ingénue qui
avait épousé une affranchie était nommé sénateur,
ou lorsque le beau-père d'un affranchi était également appelé au sénat, toutes décisions que Justi-
tinien devait abroger plus tard, parcequ'il ne voulait pas, disait-il, que le bonheur du mari, son
élévation pût devenir pour la femme une source de
malheurs et d'infortune. Les sénateurs pouvaient du

reste, être dispensés des prohibitions posées par la loi Julia et Pappia; le prince avait le droit d'en faire fléchir la rigueur; et avec sa permission, *indulgentia principis*, un sénateur pouvait valablement épouser une affranchie.

L'affranchi qui obtenait le droit de porter l'anneau d'or, qui, d'abord insigne des chevaliers ne désignait plus sous les Empereurs que les ingénus, ou ce qu'on appelait la *restitutio natalium*, entrait dans la classe des ingénus et était admis à contracter mariage avec une famille sénatoriale; à l'inverse, l'adoption de l'affranchi ou de l'affranchie dans une famille d'ingénus, n'avait pas pour effet de leur donner le *connubium* avec les personnes de condition sénatoriale, bien que dans cette famille, l'adoption ou l'adrogation leur eût fait acquérir tous les droits de l'homme libre.

Si l'élévation de l'ingénu à la dignité de sénateur avait pour effet de créer de nouveaux empêchements à son mariage ou à celui des membres de sa famille, le sénateur qui perdait sa dignité cessait d'être soumis à d'autres règles que les autres ingénus. Ainsi il pouvait épouser une affranchie, et s'il se trouvait qu'il eût avant sa déchéance contracté mariage avec une femme qu'un sénateur ne pouvait prendre pour épouse, cette union commençait à exister valablement du jour où il avait cessé de faire partie du sénat.

Les descendants naturels, comme les ascendants adoptifs d'un sénateur, sont soumis aux prohibitions de la loi Julia ; mais, lors de son émancipation, le fils adoptif cesse d'être, à proprement parler, un *filius senatoris*, et, partant, d'être tenu à l'observation des règles de la loi Julia sur le mariage des sénateurs. A l'inverse, le fils d'un sénateur, donné en adoption à un citoyen d'un rang inférieur à son père, ou simplement émancipé, ne perd pas pour cela sa qualité de fils de sénateur; lorsque le père est chassé du sénat, on ne doit considérer comme fils de sénateur que l'enfant qui est conçu avant que le père ait perdu sa dignité : les enfants conçus plus tard ne sont plus soumis aux prohibitions de la loi Julia sur les familles sénatoriales.

En principe, le crime, la faute du père chassé du sénat, est sans influence sur l'état des enfants nés avant sa déchéance. Si donc la fille d'un sénateur (loi 34, § 3, *de ritu nupt.*) a épousé un affranchi, « ce qui arrive à son père n'a pas pour effet de la rendre épouse légitime, car le crime du père, disent les textes, ne retire pas aux enfants la dignité dont ils sont revêtus; » mais leur qualité n'est pas indélébile, et une conduite honteuse peut leur faire perdre les prérogatives que leur condition élevée leur avait fait attribuer. Aussi, dit la loi 47, *de ritu nupt.*, la fille d'un sénateur qui se livre à la débauche, se fait comédienne ou est condamnée sur une accusation publique, peut ensuite épouser un affranchi; car, ajoute la même loi : « Nec enim honos ei ser- « vatur, quæ se in tantum fœdus deduxit. »

Il y a tout lieu de croire que ces prohibitions de

la loi Julia tombèrent promptement en désuétude. Constantin les rétablit et interdit aux sénateurs de prendre pour femmes, non seulement celles que la loi Julia leur défendait déjà d'épouser, comme les prostituées, les comédiennes, etc., etc., mais encore toute femme de condition vile, issue de famille méprisable : la servante et sa fille, *ancilla*, la revendeuse, la tavernière, et sa fille ; les filles de gladiateurs, des proxénètes ou des affranchies (1).

La loi 1re au Code, *de naturalibus liberis*, frappe de la peine de l'infamie le sénateur qui contracte mariage au mépris de ces prohibitions. Elle déclare qu'il sera déchu du bénéfice des lois romaines, que toutes les donations par lui faites, soit aux enfants issus de ce mariage, soit à leur mère, seront nulles et de nul effet, et le montant de ces donations restitué à la famille du donateur, ou attribué au fisc,

(1) M. de Savigny pense qu'à partir de la loi Julia, l'infamie devint applicable aux femmes : jusque là la note *infamiæ* ne produisait que deux effets : elle privait du droit de postuler en justice et faisait perdre le *jus suffragii* et les *honores* : ces deux incapacités ne pouvaient s'appliquer aux femmes. A partir de la loi Julia qui défendit aux sénateurs et aux ingénus d'épouser certaines femmes, aux filles de sénateurs d'épouser certains hommes, on remarqua que ceux-ci n'étaient, sauf l'affranchi que des infâmes. Les jurisconsultes furent conduits à leur assimiler sous ce rapport les femmes soumises vis-à-vis des ingénus aux prohibitions correspondantes. Si bien, dit M. de Savigny, qu'on appela infâmes les femmes qu'il était défendu aux sénateurs d'épouser. C'est ce qui, d'après M. de Savigny, résulte clairement du paragraphe 2, du texte 16, des règles d'Ulpien où il est dit : *Si quis famosam uxorem duxerit.*

selon les cas. Toute vente faite à la femme, toute donation faite à personne interposée, sera également annulée, et les officiers du fisc, s'ils soupçonnent l'existence de quelques libéralités cachées, la probabilité de quelque fraude faite à la loi, sont autorisés, pour arriver à connaître la vérité, à faire usage de la torture.

Une constitution des empereurs Valentinien et Marcien, qui forme la loi 7 au Code, *de incest. nupt.*, explique la constitution de Constantin et déclare que par personne de condition vile, on n'entend pas la femme née de parents ingénus, mais pauvres; qu'il était permis aux sénateurs et aux personnes revêtues des plus hautes dignités, d'épouser des personnes nées de parents ingénus, quoiqu'elles fussent pauvres : « Ex ingenuis paren-« tibus natas, quamvis pauperes, in matrimonium « accipere licebit; nullamque inter ingenuas et « opulentiores ex divitiis et opulentiore fortuna esse « distantem; » que, entre personnes non libres, on ne devait pas faire de différence à cause du plus ou moins de fortune de chacune d'elles.

Enfin, la constitution de Constantin étendit les prohibitions bornées par la loi Julia, aux sénateurs et à leurs enfants, aux *viri perfecti*, qui formaient une sorte de classe approchant de la dignité sénatoriale, aux personnes revêtues de la dignité de *duumvir* ou de fonctions ecclésiastiques de l'ordre le plus élevé.

Cette législation resta en vigueur jusqu'à l'empereur Justin qui, par une constitution qui forme la loi 23 au Code *de nupt.*, modifia profondément le droit établi par la loi Julia et par les édits de Constantin. Cette constitution a été attribuée à Justinien, mais elle est de Justin. Démosthènes, le préfet du prétoire auquel elle est adressée, exerçait ces fonctions sous cet empereur. Procope, d'un autre côté, l'attribue formellement à Justin. Elle permet aux comédiennes d'épouser les personnes de la condition la plus élevée; toute incapacité cesse pour elles dès qu'elles ont obtenu de l'empereur un rescrit de réhabilitation qui ne leur est accordé que quand elles ont cessé de monter sur le théâtre. Les filles de comédiennes jouissent des mêmes conditions, des mêmes bénéfices. Après la mort de leurs mères, ou quand celles-ci ont abandonné la scène, elles ne sont soumises à aucune incapacité spéciale; les dispositions de la loi Julia et les édits de Constantin ne leur sont pas applicables, si elles naissent après que leur mère a obtenu du prince un rescrit de réhabilitation.

Justinien, profitant de l'abrogation des anciennes lois, avait épousé Théodora, fille d'un cocher du Cirque et comédienne elle-même. Il dispensa les comédiennes et leurs filles de la nécessité du rescrit de réhabilitation exigé par Justin; donna à tous les affranchis le droit de porter l'anneau d'or; effaça toutes les distinctions qui existaient encore entre eux et les ingénus, et permit par les novelles 117 et 118 aux femmes de condition vile, dont parle la loi 1 *de nat. liberis*, d'épouser tous les sujets de l'empire, de quelque dignité qu'ils fussent revêtus ; disposant en outre que le mariage d'un homme né libre avec une femme affranchie ne serait plus annulé, au cas où par la suite l'époux acquerrait la dignité de sénateur.

Quelques commentateurs, Cujas entre autres, ont soutenu que la novelle 127 ne s'appliquait qu'à l'empêchement de mariage existant entre les sénateurs ou les *perfecti* et autres personnes énoncées dans l'édit de Constantin ; que le sénatus-consulte de Marc-Aurèle, qui défendait à la fille d'un sénateur d'épouser un affranchi, n'avait pas été abrogé par Justinien ; que cela se comprenait du reste, parce que par le mariage l'homme élevait jusqu'à lui l'épouse qu'il choisissait, tandis que la femme qui épousait un homme de condition inférieure compromettait au contraire la situation élevée qu'elle occupait dans la société ; que c'était par la même raison que l'on permettait au patron d'épouser son affranchie, alors qu'on défendait à l'esclave affranchi d'épouser sa patronne.

D'autres soutiennent qu'il résulte de l'esprit général de la législation de Justinien sur cette matière, que l'intention de l'empereur a été de faire tomber les anciennes entraves mises par les lois Juliennes et les édits de Constantin au mariage des affranchis avec les personnes de race sénatoriale ; que du reste cette prohibition de mariage entre la fille d'un sénateur et un affranchi était depuis longtemps tombée en désuétude; qu'elle n'existait plus à l'époque de Justinien, et que c'est pour ce motif que la novelle 117 ne l'avait pas abrogée explicitement.

Il paraît bien résulter d'ailleurs des édits de Justinien que l'empereur a entendu et voulu mettre partout et en tout l'affranchi sur le même pied que l'homme ingénu, et effacer toutes les distinctions qui existaient encore avant lui entre l'homme libre et celui qui ne l'était devenu que par affranchissement.

Il semble donc dès lors, comme le fait remarquer Accurse, qu'il n'y a pas de bonnes raisons pour défendre à la femme *clarissima*, de famille sénatoriale, d'épouser un affranchi, alors qu'un sénateur peut prendre pour épouse une femme de la plus basse et de la plus vile condition. Justinien exige cependant au cas où les époux seraient d'une condition trop inégale, la confection d'un *instrumentum dotale*, acte dotal destiné à prouver l'union.

CHAPITRE IV.

DU COMMANDEMENT DANS LES PROVINCES.

On sait quels étaient les pouvoirs des gouverneurs de province, de quels moyens d'oppression ils disposaient, combien il était difficile à un *provincialis*, d'obtenir justice des griefs que la conduite des représentants du pouvoir central ne faisait naître que trop souvent, de se soustraire à l'influence, ou si l'on veut, aux ordres du gouverneur de la province; combien il lui était difficile aussi de ne pas accorder de bonne grâce ce que la force eût pu lui arracher. (23 D. II, 38. — *Un.* V. 2, Léon. nov. 23.

La loi romaine les *mandata principium*, en défendant à certains officiers civils et militaires de prendre femme dans la province qu'ils administraient, ou dans laquelle ils remplissaient leurs fonctions, tentèrent de mettre un terme aux abus de pouvoir que de nombreuses lois au code nous montrent comme très à craindre en pareille matière, et de retirer au fonctionnaire la tentation de faire usage, du pouvoir que sa situation lui donnait pour combattre la répugnance des femmes qui habitaient les provinces soumises à son autorité.

Sous un autre point de vue, il eût été contraire à la politique impériale de laisser un fonctionnaire, par un mariage contracté dans le pays qu'il administrait pour l'Empereur, prendre pied dans la province, s'y ménager des alliances et des relations, et sacrifier peut-être dans bien des cas, l'intérêt de l'empire à celui de la province où il aurait sa famille, ses relations, ses intérêts.

Les empereurs, pour parer à ces inconvénients, défendaient aux gouverneurs de province, aux officiers militaires qui y commandaient, en un mot à toute personne exerçant dans la province des fonctions gouvernementales ou administratives, de prendre pour épouse une femme originaire de cette pro-

vince, qu'elle y eût ou qu'elle n'y eût pas son domicile, ainsi que cela résulte de la loi 38 § 2, *de ritu.
nupt.*

Cette solution a été contestée; selon Pothier, la
prohibition ne s'appliquerait qu'aux femmes domiciliées dans la province : il aurait été, d'après lui,
permis aux fonctionnaires d'épouser une femme
originaire de leur province, dès lors qu'elle n'y était
pas domiciliée. On entend généralement, dit-il, au
témoignage d'Ulpien, par *provinciales*, les gens qui
sont domiciliés dans la province, non ceux qui en
sont originaires, (148 *de Verb. signif.*) Le texte de la
loi 38 s'oppose à l'admission du système de Pothier :
il est dit en propres termes que la prohibition s'applique aussi bien à la femme originaire de la province (*inde oriundam*) qu'à celle qui y est domiciliée.

On faisait exception toutefois pour le cas où le
fonctionnaire avant d'entrer en charge avait été
fiancé à une femme de la province, où il était envoyé,
pour le cas où le soldat, l'officier étaient en garni-
son dans leur pays natal.

Les *mandata principis*, les décisions impériales
qui défendaient ces mariages, en prononçaient la
nullité : *matrimonium non erit*, dit la loi 67 *de rit.
nupt.*

Le fonctionnaire public, s'il ne pouvait contracter
mariage, pouvait au moins se fiancer avec une
femme de la province *in qua officium gerebat.*
Celle-ci avait le droit, au moment où son fiancé cessait ses fonctions, dans la province, au moment, par

conséquent, où le mariage devenait possible, de rénoncer au mariage, de rompre les fiançailles. On sait que la fiancée qui, sans motif légitime, retirait sa promesse était condamnée à rembourser au quadruple les arrhes, qu'elle avait reçues du fiancé ; contrairement à la règle ordinaire, en pareil cas la fiancée qui déclarait à son fiancé, ancien fonctionnaire dans la province qu'elle habitait, qu'elle entendait dégager sa parole était exceptionnellement autorisée par la loi 38 D. *de rit.*, *nupt.* à restituer simplement ce qu'elle avait reçu de lui à titre d'arrhes, sans augmentation à cause du dédit. Une constitution postérieure insérée au code Théodosien et au Code de Justinien loi *unique* : *si rector provinciœ*, accorde même à la fiancée le droit de conserver par devers elle les arrhes données et de se refuser à toute restitution.

Quelques commentateurs ont essayé de concilier les dispositions de cette constitution avec celles de la loi 38 de *rit. nupt.* Ils ont voulu distinguer entre le cas où la femme déclarait sa volonté avant ou après que le fonctionnaire avait cessé d'exercer ses fonctions ; le texte de la constitution des Empereurs Gratien, Valentinien et Théodose ne fait pas de distinction ; il semble s'appliquer aux deux hypothèses. Les deux dispositions législatives sont d'ailleurs d'époque différente, et la constitution de Valentinien et de Gratien n'a été qu'une extension donnée au principe déjà posé dans la loi 38, qu'il développe sans la contredire.

Cette prohibition de mariage, était temporaire et cessait avec les fonctions qui la faisaient naître; mais elle n'était pas personnelle et s'appliquait au fils du fonctionnaire comme au fonctionnaire lui-même. Celui-ci, dit la loi 57 *de ritu nupt.*, ne pouvait consentir au mariage de son fils avec une femme de la province, *Prohibetur consentire*, dit la loi. Dans le cas où le fils peut se marier sans le consentement de son père, par exemple, quand il est émancipé, la prohibition cesse-t-elle de produire son effet ? le fils émancipé peut-il épouser une femme domiciliée dans la province où son père exerce ses fonctions ? le texte de la loi 57 pourrait à la rigueur permettre de le supposer : cependant la loi unique au code si *rector ex provincia*, ne paraît pas distinguer entre le fils émancipé et le fils resté sous la puissance de son père et interdit an même titre, aux fils, aux petits-fils du gouverneur de province ou du commandant militaire, de contracter mariage avec une administrée de leur père ou de leur grand-père.

Doit-on étendre la prohibition aux *propinqui* du fonctionnaire ? Il est permis d'en douter, au moins à l'époque des jurisconsultes, car aucune loi au Digeste ne fait mention d'un empêchement au mariage résultant de la parenté plus ou moins éloignée de l'un des futurs conjoints avec l'un des administrateurs civils ou militaires de la province où le mariage doit être contracté. Mais au code la loi unique, l. V, tit. 2 semble établir qu'à l'époque du bas-empire le mariage des proches du fonctionnaire était interdit : la fiancée qui retire sa parole, a, dit le texte, le droit de conserver par devers elles les arrhes à elle données par son fiancé fonctionnaire : « vel administrantium filium aut nepotem et propin- « quum. » Elle paraît disposer également que les proches du fonctionnaire, ceux à qui celui-ci peut *operam dare*, devaient pour épouser une femme de la province, attendre que leur parent eût cessé d'y com- mander : la novelle 23 de l'Empereur Léon, répète cette prohibition, défend aux membres de la famille ou de la domesticité du préfet de se marier dans la province : défend également aux femmes de la fa- mille du fonctionnaire de prendre un mari dans la province, ce que l'ancien droit avait toujours per- mis : (les lois avant la novelle de Léon, conféraient expressément au président non seulement le droit de fiancer sa fille dans la province qu'il adminis- trait, mais même de l'y marier sans que cette union pût être annulée.) Cette différence entre le fils et la fille du fonctionnaire, tenait, disent les anciens com- mentateurs, à cette idée admise par les juriscon- sultes, que, si l'on peut supposer que la femme que le préfet ou son fils recherche en mariage, se laissera facilement aller à la crainte d'irriter par un refus les dépositaires de la puissance publique, il est peu probable qu'un homme cède aux mêmes influences, et qu'il soit amené par la crainte à épouser malgré lui la fille d'un fonctionnaire.

CHAPITRE V.

DE L'EMPÊCHEMENT RÉSULTANT DE LA TUTELLE OU DE LA CURATELLE.

Un sénatus-consulte rendu sous Marc Aurèle et Commode défendit le mariage entre la pupille et ceux qui avaient été chargés de remplir auprès d'elle les fonctions de tuteur ou de curateur; on pouvait craindre en effet que des tuteurs infidèles, peu soucieux de rendre compte de leur administration ne trouvassent moyen, en épousant leur pupille, de se soustraire à la nécessité de rendre raison de leur gestion, ou après la reddition des comptes de tutelle ou de curatelle, d'empêcher la pupille devenue leur femme de les attaquer : la défense faite au tuteur d'épouser la pupille, comme celle faite au chef militaire d'épouser une femme de la province où il commande, n'est pas basée, comme le fait remarquer Donneau, dans son commentaire, sur des principes de droit civil, dont la violation porte atteinte à la morale publique ; la crainte d'un abus de pouvoir de la part du fonctionnaire, la crainte d'un abus d'influence de la part du tuteur a seule dicté ces deux prohibitions. Cujas dit également avec beaucoup de raison que la liberté des mariages exigeait que la femme qui doit toujours avoir beau-coup redouté et respecté son tuteur, fût défendue, en une matière aussi grave, contre les entraînements de la crainte et de la séduction.

Le mariage est interdit, aux termes de la loi 36 *de ritu nupt.*, d'abord au tuteur et au curateur ordinaires, puis aux termes de la loi 87 cod. tit., au curateur au ventre, et au curateur aux biens. Peu importe, ajoute la loi, la durée de leur administration; dès lors qu'ils sont soumis à rendre compte, ils ne peuvent épouser la femme qui peut le leur demander : le sénatus-consulte doit être appliqué à toute personne qui, sans porter juridiquement le titre de curateur ou de tuteur, est cependant également responsable des suites de la tutelle. « *Cui tutelæ periculum pertineat,* » par conséquent au tuteur honoraire, qui, chargé de surveiller les tuteurs gérants, répond de leur administration : au citoyen qui, en alléguant de fausses excuses, a réussi à se faire exempter du fardeau de la tutelle ; au tuteur qui refuse d'administrer; car, dans toutes ces hypothèses, les personnes que nous venons de citer sont responsables des suites de la tutelle. Le tuteur d'une pupille prise par l'ennemi, est également, aux termes de la loi 60 *de r. n.*, incapable d'épouser la pupille qui recouvre sa liberté. Il est vrai que la pupille prisonnière est réduite en esclavage; que partant elle n'a plus de tuteur « car les esclaves n'en ont pas. » Régulièrement le tuteur a donc perdu son titre; cependant sa responsabilité n'a pas cessé; on sait qu'à Rome trois tutelles que l'on n'a pas recherchées, forment pour celui qui les administre, une excuse à une quatrième nomination : la tutelle de la pupille prise par l'ennemi, est en ce cas, comptée comme une tutelle ordinaire : la responsabilité du tuteur est, en effet, encore engagée, la pupille, en échappant à l'ennemi, *jure postliminii*, est supposée n'avoir jamais cessé d'être en tutelle : son tuteur lui doit donc rendre des comptes ; la prohibition du sénatus-consulte doit être appliquée.

Nous avons dit tout à l'heure que les dispositions de ce sénatus-consulte devaient être étendues au tuteur qui sans excuse avait refusé de gérer. La même solution doit-elle être donnée quand il s'agit d'un individu, qui, au moment de l'ouverture d'une tutelle, nommé tuteur, et ayant des motifs d'excuses, (23. 2. 60) n'a pu les faire valoir qu'après que la pupille est devenue pubère? La question, dit le jurisconsulte Paul, se réduit à ceci : « on sait que la pupille parvenue à l'âge de puberté, les fonctions, l'office du tuteur cesse immédiatement. » Le tuteur, après que la tutelle a pris fin, peut-il faire valoir ses excuses? Si l'on admet l'affirmative: le tuteur excusé peut épouser la pupille; car il n'a jamais été tuteur : si l'on tient pour la négative, c'est-à-dire si on lui refuse le droit de faire valoir ses excuses: *finita tutela*, le sénatus-consulte doit être appliqué. La question était controversée parmi les jurisconsultes. Papinien tenait pour la seconde opinion, déclarait le tuteur responsable depuis le jour de sa nomination jusqu'à l'époque où la pupille avait atteint l'âge de puberté et concluait à la prohibition. Quant à Paul, il était d'avis opposé, et permettait au tuteur de bonne foi d'épouser la pupille, l'excuse jugée valable même après la puberté de celle-ci, lui paraissant affranchir le tuteur de toute responsabilité.

Les empereurs Léon et Anthémius décident dans un rescrit : que dans le cas où un homme, qui n'était ni tuteur, ni curateur, en usurpe les fonctions, administre la fortune de la pupille, et plus tard épouse celle-ci ou la fait épouser à son fils, : le sénatus-consulte ne doit pas être appliqué « le mariage sera valable, disent-ils; il ne faut pas que des subtilités ou des chicanes puissent porter atteinte au mariage contracté, porter préjudice aux enfants qui ont pu en naître. » Cette disposition législative paraît être en antinomie avec la loi 60, *de ritu nupt.*, au Dig., où il est dit, au contraire, que les gens qui, sans être tuteurs proprement dits, ont cependant la responsabilité de la tutelle, ne peuvent contracter mariage avec celle à qui ils doivent des comptes. Faut-il s'expliquer ces dispositions opposées par l'époque différente de ces deux textes législatifs. Voir dans la constitution de Léon et d'Anthemius, une preuve nouvelle de la tendance du droit d'alors à maintenir le mariage contracté : chercher, au contraire, dans la loi 60, *de ritu*, l'expression de la véritable doctrine juridique ? quelques auteurs l'ont soutenu, et sans chercher à concilier les deux lois, se sont contentés d'en constater l'esprit différent, en proposant de l'expliquer par la différence des temps et des mœurs. Ne faut-il pas, au contraire, voir dans les deux textes le règlement de deux hypothèses différentes. Dans l'hypothèse de la loi 60, *de ritu,* application du sénatus-consulte, parce que celui qui doit rendre compte est tenu *tutelæ causa* par l'action de tutelle : dans celle de la constitution de Léon et d'Anthémius, application des règles seules du droit commun, parce que le mari est tenu de rendre compte, non point par l'action de tutelle, mais par celle de gestion d'affaires ?

La règle du sénatus-consulte ne doit, au reste, être appliquée qu'à la personne responsable, en qualité de principal obligé, non point à des gens qui ne sont qu'accessoirement engagés. Ainsi, le fidéjusseur du tuteur, le magistrat chargé de recevoir la caution, qui néglige de la demander ou l'accepte insolvable, peuvent contracter une valable union avec la pupille.

En principe, les enfants succèdent aux droits et aux obligations de leur père; ils succèdent, par conséquent, à l'obligation de rendre compte dont leur père tuteur était tenu; aussi le sénatus-consulte leur défend-il d'épouser la pupille de leur père (1). Peu importe qu'ils soient ou non héritiers, qu'ils se soient abstenus de l'hérédité ou qu'ils aient été exheredés, car il peut se faire, disent les textes,

---

(1) Mais, selon un texte, si, après le mariage, le père du mari ou l'époux lui-même devenait le tuteur de sa femme, l'union ne serait pas dissoute. *Quoniam rite contractum matrimonium ex postfacto vitiare non potuerunt.* Voyez plus bas, page 103.

qu'ils aient reçu en donation, de la main à la main, d'une manière ou d'une autre, avant la mort de leur père, les biens qui formaient la garantie de la pupille. Le sénatus-consulte n'avait pas dis- tingué, du reste, et il défendait le mariage aux fils de tuteurs en général, sans s'inquiéter de savoir s'ils étaient ou non héritiers.

Ce n'étaient point seulement les fils des tuteurs et des curateurs qui, comme eux, étaient soumis aux prohibitions du sénatus-consulte; ces prohibi- tions étaient étendues aux petits-fils et à tous leurs descendants mâles, sans qu'il y eût à distinguer entre le fils légitime ou illégitime, le fils naturel, ou le fils adoptif; « celui-ci, seulement tant que durait l'adoption, le fils naturel, aux termes de la loi 60, *de r. n.*, § 7, dans tous les cas, même s'il avait été donné en adoption à une autre famille.

Enfin, il s'établit en principe, que le sénatus- consulte, d'abord restreint dans son application aux tuteurs, aux curateurs, devait être étendu à tous les héritiers externes des tuteurs et curateurs, parce qu'ils étaient tenus de rendre compte ; à l'affranchi du tuteur et du curateur que la loi con- sidérait comme étant dans un état de dépendance absolue à l'égard de son ancien maître ; au père du tuteur et du curateur qui répondait de la gestion de son fils, sinon *in solidum*, au moins *de Peculio*. Quant au frère du tuteur, pouvait-il valablement épouser la pupille de son frère ? Le jurisconsulte dans la loi 67, § 2, se pose la question sans y ré-

pondre absolument; quelques auteurs tiennent
pour la négative, parce que, disent-ils, le frère du
tuteur est soumis au même chef de famille que lui,
et l'influence du chef de famille intéressé à ce que
les comptes ne soient pas trop sévèrement vérifiés
(il est toujours, au moins, *de peculio* responsable de
la gestion de son fils), est trop considérable pour
qu'un fils puisse s'y soustraire aisément.

La prohibition du sénatus-consulte ne frappe le
tuteur qu'en ce qui concerne la pupille elle-
même. Nul texte ne lui défend d'épouser la fille de la
pupille décédée avant qu'il ait rendu ses comptes. Il
est bien obligé de rendre compte à la fille de sa
pupille; mais l'obligation dont il est tenu a changé
de nature; il ne s'agit plus que d'un compte héré-
ditaire (*simplex debitum, ratio hereditaria*. Si l'on
avait décidé autrement, ajoute Tryphonius, auquel
est empruntée la loi 67 de *rit. nupt.*, il aurait fallu
défendre à tout débiteur d'épouser sa créancière ou
de la faire épouser à son fils, quelque fût le motif
de la dette.

Ainsi, alors que l'héritier du tuteur ne peut
épouser la pupille, la fille de celle-ci peut être épousée par le tuteur; le motif de cette différence tient à
ce que l'héritier externe est soumis aux mêmes obligations que le tuteur auquel il succède; que le
compte qu'il doit rendre, doit être rendu de la
même manière, alors qu'au contraire la fille de la
pupille et la pupille elle-même, ne sont pas au
point de vue de leurs droits contre le tuteur, mises

par la loi sur le même pied, l'héritier de la pupille no jouit pas du privilége accordé à la pupille elle-même. Ce n'est pas, dit la loi 42 *l.* 26, *t.* 3 *Dig.* la dette qui est privilégiée, c'est la personne que la loi a jugée digne de faveur spéciale.

Tels sont les motifs qui ont fait permettre le mariage du ci-devant tuteur avec la fille de son ancienne pupille.

Le pupille du sexe masculin n'a pas été jugé par la loi digne de la même protection que la pupille; aucun texte n'a à aucune époque du droit romain défendu à un tuteur ou à un curateur de faire épouser sa fille par le pupille dont il devait administrer la fortune, et sur lequel il était chargé de veiller; était-il également permis à la mère d'un pupille de contracter mariage avec le tuteur de son fils ou le fils de ce tuteur.

Les comptes de tutelle ne peuvent plus être attaqués par la femme quand elle a laissé passer le délai de la restitution *in integrum*, que le droit des Pandectes fixe à une année utile à partir du jour où la femme a atteint l'âge de 25 ans, le tuteur pouvait donc épouser la pupille quand elle avait atteint sa 27me année. Justinien étendit à quatre ans continus le délai pendant lequel la pupille pouvait se faire restituer contre l'acceptation par elle faite du compte de tutelle : la prohibition du mariage devait donc durer jusqu'à ce que la pupille eût atteint l'âge de 29 ans.

Ce délai était de rigueur, et nulle circonstance de

fait ne pouvait permettre au tuteur de contracter mariage avec sa pupille avant que le délai de restitution ne fût écoulé : la pupille eût-elle déjà contracté une première union, fût-elle déjà mère, elle ne pouvait avant l'âge fixé par les constitutions contracter un second mariage avec son tuteur, bien que celui-ci eût rendu ses comptes; le sénatus-consulte devait être appliqué même dans l'hypothèse où la pupille, s'abstenant de la succession de son père, ne possédait aucun autre bien dont le tuteur pût avoir à rendre compte ; la raison est, dit la loi 67 § 6 *de ritu nupt.* que la succession était peut-être avantageuse, et que le tuteur responsable de l'abstention du pupille, pouvait le cas échéant, être condamné à l'indemniser. Quand bien même le père serait véritablement décédé insolvable, quand bien même le tuteur se serait, pour se mettre à l'abri de toute accusation, adressé au préteur, le mariage ne lui en serait pas moins défendu.

La défense faite par Marc Aurèle n'était pas absolue, et la loi apportait elle-même un certain nombre d'exceptions au principe qu'elle avait posé.

La prohibition cessait d'avoir son effet quand avant sa mort le père de la pupille l'avait fiancée au tuteur ou à son fils ou quand le mariage était l'objet d'une condition écrite dans son testament : enfin quand il était de notoriété que le père destinait sa fille à celui qui était devenu le tuteur ou le curateur de celle-ci. La volonté du père était suffisante, mais la désignation par lui faite du tuteur ou du curateur devait être nette et explicite. Un père, dit la loi 62 *ritu nuptiarum*, meurt après avoir nommé un tuteur à sa fille et donné à la mère survivante le droit de choisir un mari à sa fille, la mère n'a pas le droit de faire porter son choix sur le tuteur de sa fille. Le père en donnant à la mère, à l'exclusion du tuteur, le droit de choisir un mari à sa fille, a dit Papinien, prouve par cela même que le tuteur actuel n'était pas le gendre qu'il lui destinait.

On fait également exception aux prohibitions du sénatus-consulte, au cas où le tuteur de la jeune fille est l'aïeul de celle-ci (il faut supposer que le père de la pupille a été émancipé). On donne à celui-ci le droit de marier valablement la pupille, sa petite-fille, à son petit-fils, né d'un autre fils émancipé ou resté en puissance légale; l'affection du grand-père pour ses descendants, dit le jurisconsulte Tryphonius, écarte tout soupçon de fraude et garantit son entière bonne foi.

Enfin l'empereur peut lever, dans certains cas et pour certaines personnes déterminées, les prohibitions, du sénatus-consulte s'il juge qu'elles portent obstacle à des mariages avantageux.

CHAPITRE VI.

Deux autres empêchements dirimants avaient pris naissance dans les derniers temps de l'empire. Le mariage était interdit entre personnes de religion différente, entre le ravisseur et la fille enlevée. Rome républicaine s'était montrée plus libérale pour les dieux des peuples vaincus que pour les nations elles-mêmes auxquelles elle refusait le droit de cité, tandis qu'elle admettait tout d'abord les divinités des vaincus au nombre des dieux de la république, leur ouvrant la porte de ses temples, alors qu'elle chargeait de chaînes et réduisait en esclavage les peuples auxquels elle les empruntait.

La différence de religion ne fut jamais à l'époque païenne un empêchement au mariage. Ce ne fut que sous les empereurs chrétiens que l'influence croissante du clergé dans les affaires de l'empire, en fit un empêchement. La loi 6 *de Jud.*, au Code Théodosien, défendit aux juifs d'épouser des chrétiennes, et prononça la peine de mort contre les contrevenants, le mariage restant permis entre les chrétiens et les femmes juives. Une constitution de Valentinien et Théodose, qui forme au Code la loi 6 *de Jud. et cœlicolis,* défendit le mariage entre juifs et chrétiens, sans distinction de sexes ; permit à toute personne, à tout citoyen, de déférer aux juges les unions contractées au mépris de ces dispositions, comme entachées d'adultère, et prononça contre les époux de religion différente la peine de mort.

La prohibition du mariage ne fut édictée qu'entre chrétiens et juifs, et nul texte ne permet de croire que le mariage fût défendu entre orthodoxes et hérétiques. Certains textes en reconnaissent au contraire l'existence possible et la validité (1).

(1) Entre autres un texte de Saint-Augustin « de fide et oper.
« C. 19, nº xxxv. Quæ matrimonia cum infidelibus nostris tem-

Tant que dura la république, et même sous les empereurs, le mariage du ravisseur et de la fille ravie n'est interdit par aucun texte. Constantin, par une constitution qui forme la loi 1 Code Théod., *de raptu virg.*, prohibait le mariage, même au cas où la fille enlevée aurait consenti à l'enlèvement, et condamnait aux peines les plus sévères la fille qui s'était rendue complice du rapt, et les parents mêmes de la jeune fille s'ils ne poursuivaient pas les coupables.

La prohibition fut étendue par Constantin (loi 2, Code Théod., *eod. tit.*, à l'enlèvement des veuves et des femmes consacrées à Dieu, et maintenue par Justinien qui défendit au séducteur d'épouser la fille enlevée, alors même qu'elle lui aurait été fiancée avant le crime.

Enfin la femme adultère, bien que non condamnée, était frappée d'une dernière incapacité relative qui s'opposait à son mariage avec son complice.

« poribus jam non putantur esse peccata ; quoniam in novo tes-
« tamento nihil inde præceptum est, et ideo aut licere creditum
« est aut velut dubium derelictum. » Et deux lois au Code, *de
hæreticis et manichæis*, loi 12, § 1.er et loi 18 § 1er. « Paren-
« tibus diversæ fidei existentibus et religionis, illius sententia
« prævaleat, quæ eos ad orthodoxam eligerit perducere fidem. Si
« alter conjugum orthodoxus est, dit la loi 18 § 1, et alter hæ-
« reticus, oportet fieri liberos eorum orthodoxos.

TITRE DEUXIÈME.

DE LA SANCTION, DES EMPÊCHEMENTS ABSOLUS ET RELATIFS. — DES NULLITÉS.

En droit romain, la violation d'un empêchement absolu ou relatif entraînait forcément la nullité du mariage(1). Les personnes que la loi déclarait incapables de s'unir ne pouvaient en aucun cas former un *justum matrimonium*. Celui qui a contracté des noces défendues ou incestueuses, n'a ni épouse ni enfants, dit Gaïus. Ceux qui se réunissent au mépris des lois, ajoutent les Institutes, ne contractent pas de mariage; les enfants qui naissent de cette union sont assimilés aux enfants *vulgo concepti* (2). Ce sont des enfants sans père ; ils ne sont pas soumis à la puissance paternelle : il n'y a là ni époux, ni épouse, ni noces, ni dot.

En un mot, en thèse générale le mariage contracté en contravention aux règles du droit, est nul, sans existence juridique, il n'y a pas de mariage (3) : *non sunt nuptiæ.*

(1) Voyez cependant plus bas, page 104.

(2) « Si adversus ea quæ diximus, aliqui coierint, nec vir, nec
« uxor, nec nuptiæ, nec matrimonium intelliguntur: unde solent
« qui ex eo coitu nascuntur spurii appellari, vel sine patre filii. »

(3) « Nuptiæ consistere non possunt, nisi consentiant omnes,
« id est qui coeunt quorumque in potestate sunt, 3 *de ritu nupt.*
» Minorem annis duodecim nuptam tum legitimam uxorem fore
« cum apud virum explesset duodecim annos, 4 id. »

Cependant il est généralement admis que cette doctrine absolue doit fléchir, quand il s'agit de mariages contractés conformément aux préceptes du droit civil, mais au mépris des prohibitions de la loi Julia, loi qui ne prononce expressément aucune nullité. On convient généralement que de telles unions produisaient entre époux tous les effets de droit civil; mais ne leur permettaient point de se prévaloir des bénéfices accordés par les lois caducaires aux *patresfamilias*; les époux restaient, aux yeux de la loi Julia, des célibataires, des *orbi*, et leur mariage ne pouvait suffire à les garantir des peines par elle édictées contre le célibat et l'*orbitas*. La sanction de la loi se trouvait tout entière dans l'application perpétuelle aux époux de ces peines du célibat, dans le refus perpétuel des avantages des *patres*. La loi Julia était donc, comme dit Ulpien dans ses *Regulœ*, une loi *minus quam perfecta*, un de ces textes législatifs qui défendent de faire quelque chose, mais qui n'annulent pas ce qui a été fait, et se contentent de frapper de quelques peines ceux qui ont contrevenu à la loi. Elle s'était bornée à frapper de peines pécuniaires, d'incapacités spéciales ceux qui contractaient mariage au mépris de ces prohibitions. La violation de ses prescriptions n'entraînait pas, au moins à l'origine, la nullité de l'union qui en était la suite. La théorie que nous venons d'énoncer se trouve au surplus confirmée par des textes qui ne peuvent laisser aucun doute sur sa légitimité.

On sait qu'à Rome tout citoyen pouvait s'excuser de la tutelle ou de la curatelle (1) (*Inst. de Juit.*, t. 25, *pr.*) quand il était père de trois enfants légitimes, *justi liberi*. On se demandait si, pour que l'excuse pût être proposée par le père, les enfants devaient être *justi secundum legem Juliam et Pappiam*, selon le sens de la loi Julia, ou *justi* seulement d'après le droit civil. Un texte, paragraphe 168 des *Fragments du Vatican*, déclare qu'il suffisait que les enfants fussent *justi* selon le droit civil : « Sed justorum mentio ita accipienda est uti se- « cundum jus civile quæsiti sint, » tout en reconnaissant que cette solution était contestée. Cette controverse, dont parlent les *Fragments du Vatican*, ne pouvait exister que si le mariage contracté contrairement aux dispositions des lois Julia et Pappia n'était pas frappé de nullité, et que si tout au contraire les jurisconsultes en reconnaissaient l'absolue validité. Il n'y a en effet d'enfants légitimes que ceux qui sont issus de justes noces, que ceux qui sont nés en légitime mariage. Les enfants nés hors mariage ne sont pas sous la puissance du père, n'ont avec lui aucun rapport. La loi ne leur reconnaît de relations qu'avec leur mère; ils ne peuvent conséquemment exempter leur père d'une tutelle et d'une

(1) Dans l'Italie quatre, dans les provinces cinq. Il faut que les enfants soient vivants; on compte cependant ceux qui ont péri à la guerre. « Car ceux qui succombent pour la république, ajoute le texte, vivent éternellement pour la gloire. Les enfants adoptifs ne comptent pas (*loco cit.*).

curatelle. La controverse qui s'était élevée à ce sujet
a donc pour résultat de démontrer que les enfants
nés d'une union défendue par la loi Julia, étaient
enfants légitimes selon le droit civil. S'ils sont enfants légitimes, c'est qu'ils sont nés d'un *justum
matrimonium* ; c'est qu'alors la violation des prohi·
bitions de la loi Julia n'entraîne pas nécessairement
la nullité du mariage contracté ; c'est que la loi Julia, au moins à l'origine, ne constitue pas ce que
nous appelons en droit français un empêchement
prohibitif ; c'est qu'elle n'est, comme le disait Hei-
neccius, qu'une loi *minus quam perfecta* ; qu'elle se
contente de prononcer une peine sans annuler le
contrat, comme disait Ulpien.

Les enfants nés d'un mariage irrégulier selon la
loi Julia sont enfants légitimes, avons-nous dit. Ce
sont des *sui heredes*, dit le jurisconsulte Paul :
« Sont héritiers siens d'abord le fils ou la fille en
puissance du père de famille, non émancipés, qu'ils
soient enfants adoptifs ou naturels, qu'ils soient
nés ou non d'un mariage permis par les lois Julia
et Pappia : peu importe, pourvu qu'ils n'aient pas
été émancipés : *nec interest,* dit le texte (emprunté
à la collatio legum romanarum et mosaicarum)
« nec interest adoptivi sint vel naturales et secun-
« dum legem Juliam Pappiamve quæsiti : le texte
ainsi entendu trancherait la question sans réplique :
admettre que des enfants sont *heredes sui*, c'est
admettre que le mariage dont ils sont nés est valable ;
mais cette manière d'entendre, de traduire le texte a

été contestée. L'interprétation serait alors : sont héritiers siens, les enfants tant naturels qu'adoptifs, pourvu qu'ils soient issus d'un mariage conforme à la loi Pappia. M. de Savigny rejette absolument cette manière d'interpréter le texte de Paul. On ne saurait, d'après lui, invoquer à l'appui de cette interprétation, le texte des Instituts, où il est dit que sont justes noces celles qui sont contractées *secundum præcepta legum* : « on a soutenu que ces expressions signifiaient, il y a justes noces quand elles ont été contractées seon les règles des lois Papia et Julia. »

D'après M. de Savigny, *præcepta legum* signifieraient seulement préceptes, règles du droit positif en général : dit-il, quand même les lois Juliennes auraient eu quelque influence sur le mariage en lui même ; on ne saurait les représenter « comme seules conditions des *justæ nuptiæ*, à l'exclusion des dispositions beaucoup plus importantes de l'ancien *jus civile* » que les lois Juliennes ont pu modifier en quelques points, mais n'ont certainement pas remplacé.

Il est au reste impossible de soutenir la nullité originaire des mariages contractés au mépris de la loi Julia. Indépendamment du texte des fragments du Vatican, que nous avons cité, du texte même de Paul, dont l'interprétation est controversée, nous trouvons au code d'autres textes qui lèvent toutes difficultés. Il n'y a pas de dot où il n'y a pas de mariage, dit la loi 3 *de jure dotium* au Digeste ; or,

une loi au code (1. *de sec. nupt.*) reconnait formellement l'existence d'une dot au cas de mariage
contracté par une veuve avant l'année de viduité,
mariage formellement interdit par la loi Julia,
Comment s'expliquer ce texte, celui des Fragments
du Vatican, si l'on se refuse à admettre que la loi
Julia n'a pas prononcé la nullité des mariages
qu'elle defendait.

Un texte formel atteste que la nullité de ces
mariages ne fut prononcée que plus tard, longtemps
après la promulgation des lois Julia et Pappia, par
un rescrit de Marc-Aurèle ou un sénatus-consulte
rendu sous son règne, lequel encore ne semble
s'appliquer qu'à une seule des incapacités spéciales
édictées par les lois Juliennes : et qui est cité dans
la loi 16. D. *de ritu nupt.*; le divin Marc Aurèle
a été d'avis, dit cette loi, que l'on prononçât la
nullité du mariage contracté par la fille d'un sénateur avec une affranchie, nullité qu'un sénatus-consulte conforme a prononcée. « *Oratione* (1) *divi*

(1) Ne pourrait-on pas de la rédaction de la loi 16 déduire
cette idée, que, encore à l'époque de Marc-Aurèle, et des empereurs qui le suivirent immédiatement, le sénat avait seul
qualifé pour modifier un principe de droit civil. Que à cette
époque l'empereur saisissait le sénat, *oratione*, c'est-à-dire par
une proposition verbale ou manuscrite, sur laquelle le sénat devait délibérer, et qui n'acquérait force de loi qu'après qu'il y
avait donné officiellement son approbation. Évidemment
l'empereur n'avait à craindre aucune opposition. Mais enfin ce
mode de procéder tendrait à prouver que le principe, *quidquid
principi placuit legis habet vigorem,* ne s'établit que plus tard,

Marci cavetur et si senatoris filia libertino nup-sisset, nec nuptiæ essent. Quam et senatusconsultum secutum est: ce fut seulement lorsque cette nullité s'établit. Quelle en fut l'étendue? Doit-on la restreindre au cas spécial dont il est question dans la loi 16? Doit-on l'étendre au contraire à tous les mariages contractés en contravention aux lois Julia et Pappia, en général? Un texte d'Ulpien au Digeste loi? 16 *de spons*, porte que le rescrit des empereurs Marc Aurèle et Commode a défendu aux sénateurs de contracter mariage avec certaines gens « *quasdam nuptias inhibuit.* » On en a conclu que la nullité s'appliquait à tous les chefs de la loi, et que, en vertu de ce rescrit ou du sénatus-consulte qui l'avait suivi, étaient également nuls les mariages contractés avec des comédiennes, des prostituées, etc., par des sénateurs ou leurs descendants.

Tel n'est pas l'avis de M. de Savigny. D'après lui, la nullité du mariage prononcée par le sénatus-consulte aurait été à l'origine restreinte à l'hypothèse spéciale dont il est question dans la loi 16, et n'aurait été étendue que par voie d'interprétation aux mariages contractés par des membres de familles sénatoriales avec des comédiens ou des fils de comédiens, avec des personnes exerçant une profession dangereuse pour les mœurs. Cette théorie semble

comme principe constitutionnel, et que les empereurs avaient passé par le régime des chambres complaisantes, avant d'arriver à celui des décrets.

contredit par un texte; la loi 43 § 10 au titre *de ritu nuptiarum,* où Ulpien déclare que c'est un sénatus-consulte qui a formellement interdit le mariage entre les sénateurs et les femmes condamnées sur accusation publique, « Senatus censuit, dit ce jurisconsulte, « *non conveniens esse senatori uxorem ducere aut retinere damnatam publico judicio.* » Ce texte d'Ulpien ne suffit pas pour que l'on puisse nécessairement conclure à la généralité du sénatus-consulte, de Marc Aurèle; la nullité, dit Ulpien, a été prononcée par un sénatus-consulte ; mais rien ne prouve qu'elle n'ait point été prononcée par un autre sénatus-consulte qui ne nous est pas parvenu : il résulte au surplus d'un texte, la loi 16 *de spons.* au Digeste que le sénatus-consulte était loin d'avoir la généralité que certains commentateurs voudraient lui attribuer; il ne s'appliquait certainement pas aux fiançailles des sénateurs avec des affranchies, qui n'étaient déclarées nulles, dit Ulpien, que par voie d'interprétation ; que parce qu'il fallait suppléer au silence du sénatus-consulte, *ut quod deest orationi suppleatur.*

Il est donc permis de supposer que les empereurs Marc-Aurèle et Commode n'avaient statué que pour une hypothèse spéciale, mais que des édits et constitutions postérieures, la jurisprudence, peut-être et la coutume générale, en vinrent peu à peu à en étendre les dispositions du sénatus-consulte. La loi 42, § 2 *ritu nupt.* en fait foi, qui prononce formellement la nullité « *nuptiæ non erunt* » du mariage contracté par un sénateur avec des comédiennes, des filles de comédiennes, etc.

Quant aux défenses nouvelles édictées par Constantin, la loi 1, au code de *natur. liber.* déclare nuls les mariages contractés au mépris des prohibitions établies par l'empereur.

Notons à ce sujet que ces constitutions de Constantin, comme le sénatus-consulte de Marc-Aurèle, comme la loi 42, *de ritu nupt.*, ne prononcent jamais que la nullité du mariage des sénateurs, et sont muettes sur les conséquences du mariage contracté par un simple ingénu en contravention à la loi Julia. Tous les textes en cette matière visent l'hypothèse d'une union illégitime contractée par les membres des familles sénatoriales. Il semble donc que les mariages de personnes nées libres avec des comédiennes, des prostituées, n'étaient pas nuls, bien que défendus, et qu'ils étaient seulement impuissants à donner aux époux les priviléges que la loi Julia accordait au patron, à les soustraire aux peines de l'*orbitas* et du célibat (1).

(1) Notons ici qu'aucun texte ne prononce formellement la nullité des mariages contractés par des sexagénaires ou des femmes de 50 ans, et les textes de Justinien constatent que de telles unions étaient défendues, non qu'elles étaient nulles. Le sénatus-consulte Pernitien, et le sénatus Calvitien rendu sous le règne de Claude se contentèrent de frapper les sexagénaires de nouvelles peines, de nouvelles déchéances. C'était peut-être là un troisième empêchement prohibitif Nous dirons plus bas que nous considérons comme tels l'empêchement naissant du déla de viduité, et (depuis les *novelles* de Justinien), celui qui résulte de l'engagement dans les ordres.

§ III. La nullité du mariage du tuteur ou de son fils avec sa pupille est formellement prononcée par les textes. L'infamie est encourue par le tuteur, le curateur ou leurs fils, selon les cas, quand bien même il serait avéré que le mariage par eux contracté n'avait pas pour but de se soustraire à l'obligation de rendre compte. Peu importe que l'administration du tuteur soit irréprochable, le seul fait du mariage forme contre lui une tacite hypothèse, dit la loi, une présomption de mauvaise foi. Il peut être également frappé de peines extraordinaires proportionnées à la dignité de la pupille, dont ils ne peuvent, ni lui ni son fils, rien recevoir par testament ou par donation entre vifs. Notons en passant que, à l'inverse, il n'est pas défendu à la pupille de recevoir quelque chose du mari ex-tuteur ou fils du tuteur ou curateur, qui l'a trompée en l'épousant. La faute commise par le mari ne peut, dit Cujas, avoir pour résultat de tourner au préjudice de la femme, dont la nullité du mariage est au contraire destinée à sauvegarder les intérêts.

§ IV. Le mariage contracté *contra mandata principis*, par un gouverneur de province ou un chef militaire, est également nul. Mais dès que l'époux a cessé ses fonctions, si les parties contractantes persistent à vouloir rester unies, le mariage devient légitime, mais pour l'avenir seulement (6, Code *de nuptiis*).

Ceci nous amène à discuter une question importante. Quel était en droit romain l'effet des empê-

chements temporaires, tels que l'impuberté, la tutelle, le commandement dans les provinces, etc. ?
En principe, tout empêchement de droit civil, quel
qu'il fût, était dirimant. La violation d'un empêchement même temporaire entraînait la nullité de l'u-
nion : cela ne pouvait faire de doute. Impuberté,
défaut de consentement du père de famille avaient
pour effet, pour conséquence immédiate, la non-
existence de l'union. Mais l'irrégularité n'avait qu'un
temps ; la temporanéité du vice entraînait nécessairement la temporanéité de la nullité. Aussi dès que
le gouverneur de province avait quitté ses fonctions,
dès que l'époux ou les époux avaient atteint l'âge
de puberté, dès que le père avait consenti, la prohibition disparaissait-elle, et avec elle le vice dont le
mariage était entaché.

« La femme qui a contracté mariage avant douze
ans, devient légitime épouse dès qu'elle a accompli
sa douzième année auprès de son mari, » dit la loi 4
de ritu nupt.

Mais l'union des époux ne devenait légitime que
pour l'avenir seulement, et n'avait pas d'effet rétroactif. Cette proposition est facile à démontrer. Prenons l'hypothèse, par exemple, où le père qui a refusé de consentir lors de l'union, vient à consentir
après coup, le mariage de son fils deviendra valable,
mais à partir du jour où le consentement a été donné. La loi 13, § 6 (48-5), le prouve surabondamment.

Un homme ne peut poursuivre pour adultère une
femme qu'il avait épousée sans le consentement de

son père, bien que ce consentement ait été donné plus tard, parce que, dit la loi, la femme a commis la faute que son mari lui reproche à une époque où elle n'était pas son épouse, bien que le père ait consenti depuis.

Cette solution est confirmée par la loi 6 au Code *de nuptiis*, que tout-à-l'heure nous citions: «Si le mariage, dit l'empereur Gordius, a été contracté *contra mandata principis*, la dot devient caduque, et quoique le mariage commence ensuite par le consentement des parties, on ne peut remédier au vice dont il était entaché dans le passé et à leurs conséquences : seuls les enfants nés depuis que le père a cessé d'être fonctionnaire seront légitimes. » Enfin le mariage contracté par personnes de religions différentes, l'union du ravisseur et de la femme ravie sont également frappés de nullité par les lois qui les défendent. Le mariage contracté par une femme adultère est également réputé non existant.

En un seul cas, la violation d'un empêchement n'avait pas pour conséquence la nullité de l'union contractée. En d'autres termes il n'existait en droit romain qu'un seul empêchement qui fût prohibitif: la violation du délai légal de viduité n'entraînait pas et n'entraîna jamais pour la veuve la nullité du second mariage. Quant à l'engagement dans les ordres sacrés, qui constitue sous Justinien un empêchement au mariage, il est fort difficile d'en déterminer sûrement le véritable caractère. Une constitution de Justinien, qui forme la loi 45 Code *de episcopis et c.ericis*, prononce il est vrai la nullité du mariage contracté par un membre du clergé. Mais avant cette constitution, la seule peine prononcée était la déposition, et tout porte à croire que la constitution 45 C. *de episc.*, ne resta pas longtemps en vigueur. Les novelles 6, ch. 5, et 22, ch. 42, ne prononcent plus la nullité du mariage ; elles se bornent à prononcer contre les personnes engagées dans les ordres sacrés, qui se marient depuis leur ordination, la peine de la déposition. « Si aliquis presbyter aut « diaconus (dit la novelle 6) postea ducat uxorem « aut concubinam, aut palam aut occulte, statim « suo cadat ordine. »

L'engagement dans les ordres formait donc, on peut le supposer du moins, un deuxième empêchement prohibitif. (Voyez ci-dessus, page 101, note.)

La nullité du mariage n'était pas la seule sanction de la violation des règles du droit : la confiscation de la dot venait s'y joindre le plus souvent,— souvent aussi la loi attribuait au trésor impérial des donations à cause de mort ou entre vifs, des legs ou des institutions d'héritier, que les époux s'étaient faits mutuellement, sans préjudice des peines afflictives le plus souvent d'une extrême sévérité, que la loi prononçait contre les prétendus époux.

Une constitution des empereurs Arcadius et Honorius, qui forme la loi 6 Code *de incestis nuptiis*, défend aux conjoints incestueux non plus seulement de se faire réciproquement des donations ou legs, mais désigne restrictivement les personnes qui pourront être avantagées. Elle retire aux époux le droit de tester en faveur de personnes autres que certains proches parents qu'elle énumère : enfants légitimes nés *ex justis nuptiis*, ascendants ; en ligne collatérale : frère, sœur, oncle paternel, tante paternelle, et prononce, si ces personnes ne viennent pas à l'hérédité, la dévolution au fisc de tous les biens de la succession. Enfin, d'après la novelle 12, les individus qui ont contracté des noces incestueuses devront être à l'avenir dépouillés immédiatement de leurs biens, qui sont dévolus à leurs enfants légitimes, s'ils en ont, à la charge par ceux-ci d'entretenir leurs parents ou de leur servir une pension alimentaire. La même novelle, renchérissant encore sur la sévérité de la constitution d'Arcadius, qui se contentait de prononcer la confiscation de l'hérédité, prononce, au cas où il n'existe pas d'enfants légitimes, la dévolution immédiate au trésor impérial de la fortune tout entière des prétendus époux.

A ces sanctions diverses viennent se joindre d'autres peines : l'infamie, la relégation, la déportation ; sous Justinien la détention perpétuelle dans un couvent ; enfin en cas d'inceste proprement dit, les contrevenants sont punis de la peine de l'adultère. Dans le cas de rapt suivi de mariage, Constantin ordonne « ut in meatus oris et faucium qui nefaria horta- « menta protulerit, liquentis plumbi ingestione « claudatur, » et édicte en thèse générale (loi 30, Code, l. 9, t. 0), que tout mariage contracté au mépris des règles du droit et des constitutions des empereurs doit être puni de mort : « Sacrilegos « nuptiarum gladio puniri oportet. »

§ V. Nous avons plusieurs fois, au cours de ce chapitre, parlé de noces incestueuses, expressions qui se retrouvent très-souvent dans les textes du Digeste et du Code. Qu'est-ce à proprement parler qu'un mariage incestueux ? D'après Pothier, toute union contractée au mépris des règles du droit civil et du droit naturel constituerait un inceste. On trouve, il est vrai, au Digeste un certain nombre de textes qui emploient le mot inceste en ce sens. Cependant il semble qu'en général les jurisconsultes romains lui ont attaché un sens plus restreint. On voit assez souvent opposées l'une à l'autre les deux expressions *nefariæ vel incestæ nuptiæ* (Gaïus, t. 64) : noces défendues et noces incestueuses. Il y aurait *incestum* quand il y a union de deux personnes que des relations de parenté ou d'alliance empêchent de s'épouser, ou, pour employer les expressions du jurisconsulte Paul : « Si « quis ex his quas moribus prohibetur uxores du- « cere, duxerit, — incestum committitur. »

Il fallait, selon le droit romain, distinguer deux sortes d'incestes : l'inceste de droit des gens et l'inceste simple ou de droit civil.

Il y avait inceste de droit des gens quand il y avait union entre parents ou alliés en ligne directe, parce que, disent les jurisconsultes, la loi naturelle, le droit de tous les peuples s'opposent à de semblables unions ; inceste simple ou de droit civil quand le mariage avait eu lieu entre parents collatéraux ou adoptifs, incapables de s'épouser selon le droit romain : car les défenses, prohibitions et empêche-chements, en pareille matière, changeaient avec les peuples, les mœurs et les climats.

Il n'y eut d'inceste pour cause d'union entre collatéraux qu'à partir de Constantin ; la loi 68 *de ritu nuptiarum*, porte cependant qu'il y a noces incestueuses, lorsqu'il y a eu mariage avec une alliée collatérale « *qui vero ex latere eam duxerit quam vetatur vel ad finem quam impeditur.* » On admet généralement que ces mots ont été ajoutés par les commissaires chargés de former la compilation Justinienne, et qu'ils ne se trouvaient pas dans le texte original, la prohibition de mariage entre beaux-frères et belles-sœurs ne datant que de Constantin.

Si la nullité est prononcée dans les deux cas, les peines accessoires diffèrent selon qu'il s'agit d'un inceste du droit civil ou d'un inceste du droit des gens.

Lorsqu'il s'agit d'un inceste de cette dernière espèce, les deux époux sont toujours punis dans leurs personnes et dans leurs biens : lorsqu'il s'agit seulement d'un inceste simple ou de droit civil, aux termes de la loi 38 *ad legem Juliam, de adulte-riis*, aucune peine n'est prononcée contre la femme, qui, comme le fait remarquer Cujas, si elle ne peut ignorer les principes de droit naturel, les règles de morale et de bienséance que toutes les nations admettent et reconnaissent, peut parfaitement ne pas connaître les règles du droit civil : la même loi 38 porte que dans certaines hypothèses, le mari lui-même, coupable d'inceste simple, peut échapper à toute condamnation.

Ceci nous amène à nous demander si en droit romain la bonne foi des époux ou de l'un d'eux pouvait avoir quelque influence sur les peines prononcées par les lois contre les unions irrégulièrement contractées?

En principe, lorsque l'union *est nefaria vel incesta*, le mari comme la femme sont frappés, indépendamment des peines pécuniaires dont nous avons parlé plus haut, de la privation de leur dignité, de l'exil, enfin dans certains cas de peines afflictives corporelles; cependant toutes ces peines ne frappent la femme que si elle a sciemment (1) contrevenu à la loi. Aussi une pupille a épousé son tuteur, une jeune fille a épousé un des fonctionnaires de sa province, il y a violation d'une loi ; la pupille, la femme du fonctionnaire sont cependant autorisées à recevoir les libéralités de leurs conjoints, qui de leur côté demeurent incapables de recevoir rien de leurs femmes.

« Si le préfet de la cohorte ou de la cavalerie, dit la loi 63 *de ritu nupt.*, a épousé *contra mandata principis*, une fille de la province où il commandait, il

____

(1) « Femina quoque talia scienter peccante, simili pœnæ sub- a jugenda. » Nov. 12, § 1.

n'y a pas de mariage. On peut comparer ce cas à celui où la crainte d'un abus d'autorité a fait prohiber le mariage ; mais on peut se demander si la jeune fille qui s'est mariée au fonctionnaire ne se verra pas enlever ce qui lui a été laissé par testament. La femme *pourra recueillir* ce qui lui a été laissé, à *l'exemple de la pupille* mariée au tuteur. Il faudra rendre à l'héritier de la femme l'argent donné en dot. »

« Et ajoute la loi 2, §.1 et 2, *de his quæ ut indignis*, si le fisc enlève au mari ce que la jeune fille lui a donné par testament, il n'enlève pas à la jeune fille trompée ce que le mari lui laisse. »

D'autres textes ajoutent que celui qui a épousé sa cognate est puni de la peine de l'adultère en vertu de la loi Julia ; mais que lorsque c'est la femme qui a violé la loi, on lui pardonne l'erreur de droit. (*Paulus, sent.* 2, 19, 5)

C'est la faiblesse, l'inexpérience de la femme, son ignorance du droit, qui, en ce cas, engagent le jurisconsulte à adoucir la peine prononcée par la loi contre l'inceste. La loi 63 *de ritu nupt.*, que nous avons citée, porte, comme le fait remarquer Pothier, « *si virgo nupsit.* » Il faut supposer, d'après lui, que le texte n'a entendu exempter des condamnations prononcées par les lois qu'une femme d'un âge très-tendre (*adhuc tenelæ ætatis*). Il ne faudrait pas, selon Cujas, avoir égard, à la situation de la femme majeure de 25 ans, qui aurait contracté un mariage illicite ; l'erreur à cet âge est impardonnable : et il est dans l'esprit du droit romain, de n'exempter, de n'affranchir en général des peines prononcées contre les époux incestueux, ou ceux qui se sont mariés contrairement à la loi, que ceux d'entre eux dont l'ignorance est excusable : l'erreur doit être, pour employer les expressions d'un texte, *acerrimus, non affectatus*, mais ne saurait même en ce cas valider le mariage, qui reste toujours nul et de nul effet. (Loi 11, § 12, *ad leg. Juliam. Dig.*, loi 18, Cod. *ad leg. Jul.*; loi 5 *de donat. inter vir. et uxorem*; 3 Cod. *de sol. matrim*, 74 D. *de jure dotium.)* En quelques hypothèses, la loi ne distingue pas, et affranchit de la confiscation de la dot, et des libéralités à lui faites par son prétendu conjoint, l'époux qui justifie de sa sincérité et de sa bonne foi, le mari comme la femme, dès lors que sa jeunesse peut faire considérer son erreur comme possible ou probable. Le texte, après avoir énuméré les peines dont sont frappées les noces contractées au mépris des lois, ajoute : « Exceptis tam fœminis quam viris, « qui aut errore acerrimo, non affectato, insimula-« tove, neque in vili causa decepti sunt aut œtatis « lubrico lapsi, quos tamen ita demum legis nostræ « laqueis eximi placuit. »

L'erreur même remplissant toutes les conditions requises par la loi 4, Cod. *de inc. et inut. nuptiis*, la bonne foi des conjoints ne suffisent pas toujours à les préserver des peines qui frappent les noces illé-gitimes : la loi ne permet à personne de prétendre ignorer les lois de la nature : aussi l'atténuation

des peines pour cause d'erreur légitime n'existe-
t-elle jamais que quand il s'agit d'inceste de droit
civil; jamais quand il s'agit d'un inceste de droit
des gens, d'une union que la morale universelle
de tous les peuples condamne et réprouve, de la
violation d'un principe que nul homme ne peut,
ne doit ignorer.

Même en cas de simple inceste de droit civil, si
la loi permet que l'on tienne compte de l'ignorance
des conjoints, elle exige que leur bonne foi éclate
au grand jour, et les jurisconsultes déclarent que
l'on serait plus difficile à accorder l'exemption ou
l'atténuation des peines à des individus dont le
mariage serait clandestin, qu'à des conjoints qui
auraient rendu publique leur union : c'est sur la
publicité surtout de l'union, preuve évidente de la
bonne foi des conjoints, que les empereurs Marc
Aurèle et Lucius Vérus (à la demande d'une
femme qui ignora qu'elle avait épousé son oncle
maternel, en suivant l'avis de son aïeule, et dont le
mariage durait depuis quarante ans), ont accordé
exceptionnellement aux enfants nés de cette union
la qualité *de justi liberi*, mais sans valider le
mariage.

La bonne foi des époux, l'erreur dans laquelle ils
sont tombés peut donc atténuer leur faute, les affranchir des peines prononcées contre les noces illicites ; aurait-elle quelque effet au point de vue civil?
C'est une question qu'il ne nous appartient pas de
discuter ici ; contentons-nous de constater que le

mariage illicite est toujours nul, en quelque erreur
que soient tombés les époux (1), et que les textes,
en accordant dans certains cas aux époux l'exemption de certaines condamnations, leur enjoignent
de se séparer immédiatement, et abandonnent à toute
la rigueur des lois ceux qui persévèrent dans leur
union.

Quel était en droit romain l'effet de l'emp^che-
ment survenu au cours de l'union ; en d'autres termes : qu'arrivait-il quand les époux qui avaient
contracté un mariage valable à l'origine, se trouvaient plus tard respectivement dans une situation
où il leur eût été défendu de se marier ? Nous avons
vu plus haut que l'adoption du gendre sans émancipation de la fille avait pour conséquence de briser
le mariage (Voyez page 75), en faut-il conclure

(1) En un seul cas seulement l'erreur des conjoints avait des
résultats exceptionnels, dans le cas spécial dit *erroris probatio*.
— Un citoyen a épousé par erreur une pérégrine, soit parce qu'il
se croyait lui-même pérégrin, soit au contraire parce qu'il la
croyait citoyenne. On sait qu'il n'y a pas de justes noces possibles entre le pérégrin et le citoyen, qu'il n'y a de *matrimonium
jnstum* qu'entre membres de la cité romaine. Cependant s'il arrivait que l'union du citoyen et de la pérégrine fût féconde, un
sénatusconsulte permet à l'époux trompé de prouver son erreur
(*erroris causam probare*) et dès lors son union devient *justes
noces*; son conjoint et ses enfants deviennent membres de la cité
romaine. On admet également à la *probatio erroris*, le latin
Junien qui a épousé par erreur une pérégrine, la croyant
citoyenne et latine, et que cette erreur empêcherait de devenir
citoyen *anniculo*. On sait que les latins Juniens mariés à une
femme romaine ou latine comme eux et pères d'un enfant d'un
an, pouvaient être admis à partager les priviléges de la cité romaine.

qu'en règle générale la survenance au cours du mariage d'un empêchement qui, s'il eût existé au jour
du mariage, eût rendu impossible toute union entre
les conjoints, avait pour conséquence nécessaire la
dissolution immédiate de l'union actuellement existante? De nombreux textes semblent s'opposer à
l'admission de cette doctrine, et tout d'abord la loi
12 *de ritu nupt.* au Dig., où il est dit : « Une femme
par moi répudiée épouse Seius que j'adroge, le mariage n'est pas invalidé. » On sait que le fils adoptif
ne peut prendre pour femme l'ancienne épouse de
son père adoptif. Si donc Seius avait été adrogé
avant son mariage, il n'aurait certainement pas pu
épouser la femme par moi répudiée : je l'adroge
après son mariage, régulièrement et pour appliquer
la règle proposée tout-à-l'heure : son mariage devrait
être rompu comme cela arrive quand j'adopte mon
gendre sans émanciper ma fille. Cependant le jurisconsulte déclare que le mariage reste valable : *non
sunt incestæ nuptiæ*, dit-il. Voici donc un texte qui
semblerait admettre que l'empêchement survenu au
cours du mariage n'a pas pour effet d'invalider l'u-
nion : théorie qui est formellement confirmée par
un rescrit de l'empereur Alexandre Sévère, qui
forme la loi 3 au Code *de interdictis matrimoniis.*
Le mariage régulièrement contracté, licite à son
origine, dit ce texte, ne peut être vicié par aucun
événement postérieur : « Cum recto contractum
» matrimonium, ex post facto vitiare non po-
« tuerint. »

Cependant cette règle, si nette et si catégorique en apparence est à chaque instant contredite par de nouveaux textes qui brisent des unions régulièrement formées à l'origine, parce que depuis le mariage la capacité des parties, leur situation respective est devenue telle, qu'actuellement elles ne pourraient plus s'épouser. Ainsi une affranchie a épousé un homme libre qui plus tard est devenu sénateur: l'entrée du mari au sénat rompt les noces, très-licites à l'origine, car aucune loi ne défend à un ingénu d'épouser une femme *libertina* ; de même un affranchi a épousé la fille d'un ingénu qui plus tard devient sénateur, l'élévation du beau-père, en application des règles des lois Julia et Pappia Poppea, rend impossible le mariage de la fille avec un gendre affranchi : le mariage est encore annulé. Il est maintenu au contraire au cas où les parents de la femme d'un sénateur viennent à monter sur le théâtre, bien qu'il soit défendu à un sénateur d'épouser la fille d'un comédien ; dissous, au contraire, si c'est la femme du sénateur qui monte sur les planches. Comment concilier ces textes? Faut-il se contenter d'en constater l'antinomie? Il est évident qu'il dut y avoir à ce sujet, en droit romain, de très-vives controverses, controverses dont Cujas voit la preuve dans la rédaction différente des deux lois 67, § 3, et 17 *de ritu nuptiarum* : l'une, au cas d'adoption du gendre, prononçant la nullité du mariage ; l'autre, conseillant seulement au père d'émanciper sa fille : *suadetur ci qui generum*, dit la loi 17. Il nous semble cependant qu'en examinant avec soin les différents textes que l'on invoque de côté et d'autre, on arrive au résultat que nous avons indiqué déjà dans l'hypothèse spéciale de l'adoption du gendre sans émancipation de la fille. Le divorce à Rome est de droit commun : le mariage se dissout *consensu*, comme il s'est formé. Ne peut-on pas, dans presque toutes les hypothèses où le mariage est annulé *ex post facto*, voir comme une intention de divorce manifestée par l'une des parties.

Le gendre dans la première hypothèse « abstraction faite du pouvoir attribué au père de famille de rompre les noces à son gré, en acceptant l'adoption, en n'y contredisant pas, ne manifeste-t-il pas clairement son intention de divorcer? L'acceptation par le mari des fonctions de sénateur n'est-elle pas comme une répudiation de la femme affranchie ? Dira-t-on que la même théorie ne peut pas s'appliquer au cas où c'est le père de la femme qui est devenu sénateur, son élévation brise cependant le mariage de sa fille avec un affranchi? Mais a-t-on oublié que le père puisait dans la *patria potestas* que la loi lui accordait le droit, le pouvoir d'envoyer le *repudium* à son gendre, et de rompre de son propre mouvement le mariage de sa fille ; que même après Antonin, ce droit lui avait été réservé pour le cas où l'époux de sa fille était une personne de condition misérable ? Lorsque la femme d'un sénateur monte sur le théâtre, ne peut-on pas considérer comme l'expression d'une volonté bien arrêtée de divorcer, l'acte qui la couvre de honte et la rend inhabile à être l'épouse d'un sénateur ?

En un seul cas spécial, les jurisconsultes s'entendaient pour ne pas annuler, *ex post facto*, l'union contractée. Nous voulons parler de l'hypothèse où le conjoint ou le beau-père d'une femme lui est donné comme tuteur ou curateur. Dans ce cas, les textes semblent admettre que le mariage reste valable. L'époux ou le beau-père nommés tuteurs peuvent, dit la loi 3 Code *de interdictis matrimoniis*, demander à être remplacés. « Si tu as été, dit la loi 4 Code, t. 5. f. 62, nommé tuteur de Démétria, ton épouse, à ton insu et pendant ton absence, tu peux demander ton remplacement. Un tort aussi grand que la dissolution de son mariage ne peut être fait *ignoranti marito*. » Qu'on le remarque bien, du reste, les hypothèses présentées par les textes, par la loi 4 *de excusat. tutor.* au Code entre autres, ne prouvent pas du tout que les jurisconsultes considèrent comme hors de doute la validité et la continuation de l'union. Elles donnent au mari nommé tuteur le droit de demander son remplacement s'il a été nommé pendant son absence. L'ignorance où le mari se trouve de sa nomination est présentée par la loi comme le motif du maintien de l'union. Ne pourrait-on pas en déduire que, dans ces hypothèses, si le mariage n'est pas dissous, c'est que le mari, le beau-père, en réclamant contre la qualité de tuteur qui leur est attribuée, ont nettement déclaré que leur intention n'était pas de divorcer. Les textes que l'on invoque contre la théorie de la dissolution du mariage par empêchements subséquents, sont-ils d'ailleurs aussi concluants qu'on le soutient ?

Le texte principal sur lequel s'appuie cette opinion, où se trouve la phrase fameuse : *Cum rite contractum matrimonium ex post facto vitiare non potuerint*, conseille lui-même, pour éviter toute difficulté, au mari nommé tuteur, de solliciter la nomination d'un autre tuteur. Tous ces textes ne prouvent-ils pas au contraire qu'en droit romain la qualité de mari et celle de tuteur étaient incompatibles ? Leur rédaction même ne semble-t-elle pas indiquer que le mariage n'est et ne demeure valable que parce que l'époux ou son père obtient de ne pas devenir curateur de sa femme ou de sa belle-fille ? Les textes ne laissent-ils pas entendre implicitement que si la tutelle était définitivement établie sur la tête du mari, le mariage serait annulé ? Ne voit-on pas d'ailleurs et à chaque instant des textes nous déclarer que le sacerdoce, le service militaire, la vieillesse ou la stérilité sont le plus souvent des causes de dissolution de mariage ? Qu'en de telles circonstances il vaut mieux rompre de bonne grâce un mariage qu'il serait bien difficile de maintenir : *Cum satis commode matrimonium retineri non possit, bona gratia dissolvitur*. Voici des hypothèses qui certainement ne font pas obstacle à la formation du mariage, qui, survenant au cours du mariage, sont, les jurisconsultes semblent le faire entendre, sinon en droit strict, au moins en pratique, des causes de dissolution. Est-il permis de croire que le droit romain, si favorable à l'époque des jurisconsultes au divorce, à ce qu'on appelait alors le principe de liberté des mariages, ait été admettre tout d'abord la doctrine de la loi, la complète validité de l'union? alors qu'ils déclarent qu'il serait bien difficile de maintenir un mariage contracté, parce que le mari se fait soldat, lorsque la femme est stérile. Aussi croyons-nous qu'en droit romain, au moins du temps des jurisconsultes, la théorie de l'indissolubilité du mariage était trop universellement repoussée, pour qu'on ne considérât pas l'acceptation par l'un des époux d'une situation nouvelle, qui le rendrait incapable de contracter mariage avec son conjoint actuel, comme l'expression d'une volonté bien arrêtée de divorcer. On en vint même à se dire que l'intérêt public exigeait que, dans certaines circonstances spéciales, le divorce fût, non plus seulement supposé, mais ordonné par la loi ; qu'un citoyen appelé au Sénat, par exemple, devait sacrifier ses intérêts et ses affections de famille à ce qu'exigeaient de lui le prestige du corps où il entrait et la bonne administration de l'empire. La dissolution du mariage au cas où elle était prononcée était donc considérée par les jurisconsultes moins comme le résultat d'une disposition législative que comme la conséquence de la volonté des parties ou de l'une d'elles. Ces lois, qui semblent une dérogation aux principes juridiques, n'en sont donc au contraire qu'une application.

La constitution d'Alexandre Sévère (loi 9, *C. de interdictis matrimoniis*), date d'une époque où déjà commençait à se faire sentir cette tendance du droit romain à abandonner les vieux principes pour en venir à une réglementation plus naturelle des rapports de famille, à une détermination plus équitable de l'état de chaque citoyen. Elle date d'un temps où déjà la liberté du divorce commençait à être restreinte, à disparaître peu à peu ; elle date d'un temps où les idées philosophiques commençaient à prendre le pas sur les déductions rigoureuses du vieux droit, et où les vieux principes juridiques disparaissaient devant des considérations comme celles que Justinien énonce dans sa loi 28.

« Le mariage, dit-il, restera valable, bien qu'un empêchement soit souvent *ex post facto*, parce que les époux doivent partager la bonne et la mauvaise fortune l'un de l'autre, et que ce qui est pour le mari une source de grandeur et de joies, ne doit pas être pour la femme une source de misères et d'infortunes (1). » Toutes les lois que l'on invoque en faveur du maintien de l'union datent de l'époque où l'indissolubilité du mariage devint un principe juridique, où il parut aux empereurs et à leurs conseillers qu'il fallait en pareille matière se rattacher

(1) Il s'agit du mariage d'un ingénu nommé sénateur avec une affranchie, que les anciennes lois déclaraient dissous par l'élévation du mari et que Justinien déclare valide.

à l'avis le plus humain, à celui qui maintenait le mariage plutôt qu'à celui qui le ruinait (1). Théorie que l'esprit général de la législation de Justinien s'efforce de faire reconnaître et triompher, bien que même, de son temps, et dans ses collections législatives, les dispositions isolées les unes des autres, répandues dans les différents livres du Digeste et du Code, ne permettent point, sur un tel sujet, d'exposer une théorie d'ensemble à laquelle bien des textes refuseraient de se rattacher.

(1) Cujas.

DES

NULLITÉS DE MARIAGE.

DROIT FRANÇAIS.

INTRODUCTION.

Avant la révolution, la France était au point de vue juridique partagée en deux régions bien distinctes, les pays de droit écrit, les pays coutumiers. Quelques matières spéciales avaient échappé cependant à cette division absolue et géographique du droit, et étaient soumises, au nord comme au midi de la Loire, aux mêmes règles et aux mêmes dispositions législatives; de ce nombre était le mariage dont les principes et les conditions étaient presque toutes empruntés au droit canonique, ou réglés par des ordonnances royales.

Ainsi, chose remarquable, alors que les relations de famille, les rapports d'intérêts naissant du mariage étaient, selon les provinces, réglés par des législations distinctes et opposées ; alors que le régime dotal, d'origine romaine au midi, se trouvait au nord remplacé par des institutions d'origine germanique par excellence, la communauté, le douaire, le mariage en lui-même était dans le dernier état de l'ancien droit soumis à des principes uniformes que modifiaient à peine selon les provinces quelques arrêts de règlement, quelques divergences peu importantes résultant des lois ou des coutumes différentes des provinces sur la capacité des personnes.

Les deux éléments dont nous avons parlé, le droit des ordonnances, le droit canonique, n'eurent pas tous deux la même influence sur le droit matrimonial de la France ; les ordonnances ne firent guère que compléter un droit préexistant et en supprimer les exagérations, que donner aux décrétales des papes, aux canons des conciles, la sanction de l'autorité royale, en même temps qu'elles restituaient au mariage le caractère de contrat civil que l'église lui refusait. Plus importante avait été l'influence du droit canonique.

Au moyen-âge, à cette époque de division extrême, où une multitude de principautés diverses se partageaient le sol, sans autre trait d'union entre elles que les rapports que faisaient naître entre les différents seigneurs territoriaux, les liens de la hiérarchie féodale, l'Église conserva seule son homogénéité. Elle trouva dans la centralisation puissante qui était la base de la constitution ecclésiastique, la force nécessaire pour résister à la désorganisation universelle, et puiser dans l'affaiblissement de tous les empires de nouveaux principes de puissance et de grandeur. Alors que le droit, ou plutôt la coutume, variait de province à province, de fief à fief, le droit canonique resta un. Tiré en partie du droit romain, composé surtout des décrétales des papes et des canons des conciles, il participa de l'ubiquité du pouvoir dont il émanait. Le monde catholique fut son domaine, et il soumit aux mêmes règles canoniques tous ces royaumes, tous ces fiefs, toutes ces communes, si différents entre eux de coutumes, d'usages et de législation.

Les canons des conciles formèrent la partie la plus importante, et l'on peut dire la partie la plus intelligente et la plus sage, du droit du moyen âge ; la salutaire influence de l'Eglise sur les mœurs barbares de l'époque, son intervention bienfaisante, ne se fit nulle part mieux sentir qu'en matière de mariage. Nulle part elle ne produisit de résultats plus salutaires et plus heureux.

La première victoire de l'Eglise fut de faire admettre et triompher le principe de l'indissolubilité du mariage. Elle avait obtenu au Bas-Empire la condamnation du concubinat et l'abolition du divorce ; elle se trouva, après l'invasion dans la Gaule franque, en face de nouvelles difficultés, plus sérieuses, plus graves, dont elle parvint à triompher.

Monogames au témoignage de Tacite, les Germains, comme avant eux les Gaulois, ne laissaient pas cependant que d'admettre chez les chefs et les principaux de la tribu de nombreuses exceptions à la règle commune ; la polygamie était le privilége de quelques hauts personnages ; cet usage persista après la conquête, et Grégoire de Tours présente à chaque instant de fréquents exemples de la facilité déplorable avec laquelle les rois de la première race répudiaient, renvoyaient ou changeaient leurs épouses.

« Le roi Caribert, raconte-t-il, prit pour femme Ingoberge... Ingoberge avait à son service deux filles d'un pauvre homme, dont la première s'appelait Marcovéfe et portait l'habit religieux ; l'autre s'appelait Mérofléde. Le roi s'éprit d'amour pour elles... et, renvoyant Ingoberge, épousa Mérofléde. Il prit de plus une autre jeune fille nommée Teutéchilde, fille d'un berger, dont il eut un fils (1). »

La répudiation était une habitude commune ; la concubine ne se distinguait pas encore de l'épouse : l'Église dut se contenter d'abord de proscrire l'adultère tout en tolérant le concubinage : « Que celui qui, bien que marié, vit avec une concubine, soit repoussé de la communion, dit le 17ᵉ canon du premier concile de Tolède. N'en écartez pas cependant celui qui n'a pas d'épouse et qui vit avec une concubine, celui qui se contente d'une seule femme, concubine ou épouse légitime. »

(1) Grégoire de Tours, 426.

Contre de tels désordres, des lois émanées du pouvoir séculier eussent été impuissantes : en élevant le mariage au rang des sacrements, l'Église trouva, dans les armes spirituelles, la seule force qui fût alors capable d'enrayer les mauvais penchants de la barbarie victorieuse. L'excommunication, à cette époque de foi vive, ou, si l'on veut, de superstition et d'ignorance, fut l'arme puissante que le clergé mit au service de la cause du progrès et de la civilisation.

Les lois humaines doivent se modifier avec les temps, avait dit le pape Innocent III au concile de Latran en 1215. La puissance de l'église devait cesser avec les causes qui l'avaient fait naître. La société séculière sortie du chaos où elle avait été plongée pendant le moyen-âge, tenta de se débarrasser de la tutelle de l'église qu'elle considérait comme un joug, et dont l'intervention, salutaire autrefois, était devenue avec le temps, tyrannique et oppressive.

« La monarchie française n'a pas été formée par les mômeries des clercs, mais par les armes des barons » disait-on dès le 15ᵐᵉ siècle (1).

L'église lutta avec énergie ; ses efforts furent inutiles. Dans le dernier état du droit, c'est bien encore l'église qui est chargée de statuer sur ce qu'on appelle les cassations de mariage, mais, dit Pothier, « ce n'est que parce que nos rois ont bien voulu permettre et attribuer aux juges d'église la

(1) M. de Valroger à son cours. (Mathieu Paris).

connaissance des causes qui concernent le mariage à la charge par eux de se conformer aux ordonnances. » Le pouvoir qui reste à l'Eglise est une concession que lui fait la société laïque, concession dont les ordonnances prennent grand soin de bien déterminer le caractère. « Nous voulons, portent elles, que les deman-
« des en cassation soient soumises à la juridiction ec-
« clésiastique. Permettons aux promoteurs des offi-
« cialités (Déc. de 1630)... Les juges ecclésiastiques
« sont tenus de garder les ordonnances. » Le pouvoir séculier professe que le contrat civil est la matière du sacrement ; qu'il ne peut y avoir de sacrement quand le contrat est nul, et soumet, par l'appel comme d'abus, toutes les décisions des juges ecclésiastiques, à l'appréciation souveraine des parlements.

En fait, comme en droit, ce pouvoir ecclésiastique n'est plus que le délégué du pouvoir séculier ; mais son influence continue à se faire sentir encore. Les principes juridiques que la féodalité avait fait naître étaient tombés avec elle ; les règles canoniques, malgré leurs exagérations, répondaient à des besoins véritables, consacraient des principes d'une incontestable vérité ; elles devaient survivre au pouvoir même qui les avait édictées, et former le fond du droit matrimonial de la vieille France. Le pouvoir ecclésiastique, en tombant, laissa à la royauté un héritage juridique que celle-ci se hâta de s'approprier, et à la veille de 1789, bien que le droit des ordonnances eût en quelques points mod i flé ou complété l'ancienne. législation canonique, c'était encore dans les décrétales des papes et les canons des conciles qu'il fallait aller chercher les règles et les principes que la jurisprudence appliquait tous les jours.

ANCIEN DROIT.

I. Dans le dernier état du droit romain, l'âge requis pour contracter mariage était pour les hommes 14 ans, pour les femmes 12 ans. Il était resté le même dans l'ancien droit français : tout mariage contracté avant cet âge était nul (1).

La procréation des enfants est la fin principale du mariage, disait Pothier ; c'est une conséquence que ceux qui ne sont pas habiles à la génération, et par conséquent les impubères, ne sont pas habiles au mariage.

Comme les impubères, et par la même raison l'impuissant, était incapable de contracter mariage.

Il en était de même de l'individu en état actuel de folie et de démence, et de la personne engagée dans les liens d'une première union. L'absence de l'un des conjoints, quelque longue qu'elle fût, ne

(1) L'âge requis pour contracter mariage avait été fixé par les assises de Jérusalem à 13 ans pour les hommes, à 12 ans pour les femmes ; mais on ne doit pas oublier qu'il s'agissait là des Francs d'Orient. Quelques textes parlent cependant de mariages contractés par des enfants de 8 ans Il est probable qu'il ne s'agissait là que de fiançailles.

pouvait permettre à l'autre époux de contracter un second mariage (1).

Enfin les vœux solennels de religion formaient un quatrième empêchement dirimant absolu. Dans les premiers siècles de l'Église; l'engagement dans les ordres ne formait pas encore un obstacle au mariage, et si dès le concile de Chalcédoine, les ecclésiastiques qui se marient sont frappés de censures ecclésiastiques, l'union par eux contractée n'est pas déclarée nulle. Grégoire de Tours parle à chaque instant d'évêques mariés ; il déplore, il est vrai, la pernicieuse influence de la femme sur l'administration des affaires ecclésiastiques ; mais il ne semble pas que de son temps le mariage des gens d'église fût rigoureusement interdit. Il faut attendre le deuxième concile de Latran, en 1219, pour trouver un canon qui en prononce expressément la nullité. Aucun texte absolu, aucune loi spéciale, n'avait mis en vigueur cette règle canonique dans le royaume de France ; mais la jurisprudence des parlements et l'usage constant et unanime de toutes les provinces faisaient véritablement loi. La nullité du

---

(1) Pothier semble cependant admettre qu'à la rigueur lorsque le conjoint absent a atteint l'âge de 100 ans, l'époux présent pourrait contracter mariage. Un siècle, dit-il, est le terme de l'existence la plus longue. La jurisprudence des parlements était plus absolue. La femme d'un nommé Maillard avait épousé un sieur Thibaut de La Boessière sur la foi d'un certificat de mort donné par un capitaine. Au bout de 40 ans Jean Maillard reparut, et un arrêt de 1674 cassa le deuxième mariage de sa femme.

mariage contracté par les gens d'église ne faisait plus doute au temps de Pothier.

A côté de ces empêchements que la doctrine qualifiait d'absolus, se trouvait une seconde classe d'empêchements qui faisaient obstacle à ce que deux personnes pussent se marier entre elles, bien qu'il leur fût permis de se marier à d'autres. C'était surtout en cette matière que l'influence du droit canonique se faisait sentir. La preuve de cette influence se trouve dans la modification apportée à la manière de compter les degrés de parenté ou d'alliance. L'Église abandonnant la computation civile du droit romain, essaya d'y substituer une computation nouvelle, qu'on est convenu de désigner sous le nom de computation canonique. En ligne directe, en computation canonique comme en computation civile, on compte autant de degrés que de générations. Mais en ligne collatérale, pendant qu'en computation civile les degrés se comptent par les générations, depuis l'un des parents jusque et non compris l'auteur commun, et depuis celui ci jusqu'à l'autre parent, en computation canonique on ne compte qu'autant de degrés qu'il y a de générations de l'un des parents, jusqu'à la souche commune. S'il s'agit de parents respectivement placés à des degrés inégaux (comme l'oncle et le neveu), on doit compter autant de degrés qu'il y a de générations de la personne la plus éloignée de cette souche commune à l'auteur commun.

Prohibé d'abord jusqu'au troisième degré de pa-

rente canonique, puis jusqu'au quatrième(1); défendu
absolument entre parents et alliés de quelque degré
qu'ils fussent (2), autorisé plus tard après le quatrième
degré canonique, ainsi que cela résulte d'une lettre
du pape Grégoire II à saint Boniface, évêque de
Mayence, le mariage fut définitivement permis par
le dixième canon du concile de Compiègne (3), con-
firmé par des capitulaires de Charlemagne, après
le quatrième degré canonique.

Un siècle plus tard, le concile de Douzy interdit
le mariage jusqu'au septième degré canonique,
prohibition qui fut renouvelée dans une décrétale
d'Alexandre II, de 1065, qui qualifia d'incestueuses
les noces contractées par des parents au sixième
degré canonique, et de doctrines pestilentielles
celles qui permettaient le mariage entre parents ou
alliés à un degré plus rapproché.

De graves inconvénients naquirent de ces prohibitions exagérées. Peu de rapports existaient entre
les diverses populations, et il arriva souvent que
non seulement dans l'étendue d'une paroisse, mais
parfois d'un fief entier, il n'y avait pas de mariage
possible, les habitants se trouvant tous respectivement sous le coup des prohibitions du concile de
Douzy (4), qui défendaient le mariage jusqu'au qua-

---

(1) Concile de Clermont (535). 3 C. d'Orléans, (538) 2, conc.
de Tours, 567 Conc. d'Auxerre. (578) Pothier. Mar. 130 et s.
(2) Concile de 721.
(3) En 757.
(4) En 874.

torzième degré civil (1), « c'est-à-dire, dit Pothier, entre personnes qui descendaient d'un sixième aïeul commun (2). »

D'un autre côté, les règles féodales rendaient difficile le mariage hors du fief; il en résultait que beaucoup de mariages se contractaient entre parents au mépris de ces dispositions. « Elles donnaient également lieu, dit Pothier, à de nombreuses demandes en cassation, sous prétexte de parenté éloignée, que des personnes dégoûtées de leur mariage découvraient ou supposaient (3). » Pour remédier à ces inconvénients, Innocent III, au deuxième concile de Latran, 1215, fit rapporter les dispositions du concile de Douzy, « parce que, disait-il, les lois humaines devaient changer avec les temps, dès lors que ce changement était nécessaire ou même utile, » et fixer le quatrième degré canonique (4) comme limite des empêchements au mariage entre parents, et cette règle persista jusqu'au dernier état de l'ancien droit (5).

L'affinité formait également un empêchement dirimant. En droit romain, elle produisait un em-

(1) Beaumanoir.
(2) Poth. Mar. 146.
(3) Idem.
(4) « Quaternarius vero numerus, ajoute-t-il, bene congruit
« prohibitioni conjugii corporalis, dequo dicit apostolus, quod
« vir non habet potestatem sui corporis, sed mulier ; nec mulier
« habet potestatem sui corporis, sed vir ; qui quatuor sunt hu-
« mores in corpore, qui constant ex quatuor elementis. » Rapporté par Pothier *loco citato*.
(5) Voir toutefois art. 4, édit de Nantes.

pêchement indépendamment de toute cohabitation. Le droit canonique distinguait au contraire entre le mariage consommé et le mariage non consommé : celui-ci pouvait être rompu par l'époux qui voulait entrer dans la vie religieuse. Ce n'était point là une exception à la règle de l'indissolubilité du mariage que l'Eglise elle-même avait posée ; à ses yeux, sans cohabitation, l'union n'était pas complète encore. Une conséquence naturelle de ce principe était que le *matrimonium ratum* (mariage non consommé) ne produisait pas d'affinité proprement dite (1).

Les conciles de Clermont, d'Orléans, d'Auxerre, réglementèrent successivement l'empêchement résultant de l'affinité, et depuis le concile de 721 les mariages entre affins furent soumis aux mêmes règles que les mariages entre parents.

Les conjonctions illicites produisaient dans l'ancien droit une deuxième sorte d'affinité ; à condition toutefois que le commerce illicite fût bien établi, par des documents certains, des témoignages irréfragables ; que ce ne fût pas seulement un bruit de quartier : cette sorte d'affinité formait un empêchement dirimant au mariage du concubin avec les enfants de la concubine, et ses parents au qua-

---

(1) Cette distinction entre le mariage consommé et 'e mariage non consommé avait, dans certaines provinces, une grande importance au point de vue civil.

Femme gagne son douaire au coucher, dit l'art. 352 de la coutume de Normandie.

Femme gagne son douaire ayant mis le pied au lit, dit l'art. 450 de la coutume de Bretagne.

trième degré, et *vice versa*. Ces prohibitions furent restreintes par le concile de Trente au premier et au deuxième degré, et bien que les canons de ce concile n'eussent pas été reçus en France, les règles par eux tracéees à ce sujet furent appliquées jusqu'à la Révolution.

Enfin, il existait un troisième genre d'affinité, dite *affinité spirituelle*, résultant du baptême et formant un empêchement dirimant entre l'enfant et ceux qui l'avaient tenu sur les fonds du baptême (743, décrétales du pape Zacharie);

Entre la personne qui avait administré le baptême et la personne baptisée (concile de Metz, 753);

Entre les parrain et marraine de l'enfant, la personne qui l'avait baptisé et les père et mère du baptisé (concile de Metz et concile de Compiègne, 757);

Entre les enfants du parrain ou de la marraine et le baptisé ;

Enfin, entre le parrain et la marraine de la même personne (1).

Ces deux dernières prohibitions furent abrogées par le concile de Trente (2). Les trois premières res·tèrent en vigueur jusque dans le dernier état du droit.

Le concile de Latran avait permis, dès l'an 1215,

____

(1) Concile de Mayence.

(2) Cette alliance spirituelle était considérée comme si étroite qu'un homme qui aurait présenté au baptême ou à la confirmation le fils que sa femme aurait eu d'un 1er lit, n'aurait pu sans crime continuer à cohabiter avec elle. Voir Pothier. Grég. de Tours).

le mariage entre l'époux devenu veuf et les alliés de son premier conjoint.

Enfin l'ancien droit reconnaissait des empêche-ments dits *d'honnêteté publique*, résultant du mariage non consommé et des fiançailles.

Celles-ci mettaient obstacle au mariage de l'un des fiancés avec les parents de l'autre en ligne directe.

Quant à la ligne collatérale, l'empêchement étendu d'abord aussi loin que s'il y avait eu véritable mariage, avait été restreint par le concile de Trente au premier degré de parenté collatérale (1).

Quant au mariage non consommé, nous savons qu'il ne produisait pas en principe d'affinité proprement dite ; mais l'empêchement d'honnêteté publique qui en résultait s'étendait aussi loin que celui qui naissait de l'affinité.

Le rapt et la séduction produisaient également un empêchement entre la personne ravie ou séduite et le séducteur. Les capitulaires de Charlemagne portent que la fille qui s'est fait enlever ne peut plus épouser ni le ravisseur ni quelque autre homme que ce soit. Le concile de Trente et l'ordonnance de 1630 déclarent nul tout mariage célébré avant que la personne ravie ait été remise à sa famille.

Était nul le mariage de la veuve adultère avec

(1) Décret de Gratien, *causa* 27, *questio* 2, *can.* 5, et concile de Trente, *sess.* 24, cap. 3.

son complice, nullité que le pape Innocent III res-
treignit au cas spécial où il y avait eu promesse de
mariage entre la femme adultère et son complice, du
vivant du premier mari, et où l'adultère avait été
suivi du meurtre du premier conjoint (1);

Étaient également nuls le mariage contracté entre le meurtrier et le conjoint complice de son
crime ;

Et l'union contractée par personnes appartenant à des religions différentes.

Dès les premiers temps de la conquête, l'Église
interdit tout mariage entre orthodoxes et hérétiques. De nombreux conciles répétèrent la même
prohibition ; mais pendant toute la durée du moyen
âge, si l'on considéra « comme mauvaises et dangereuses (2) » de telles unions, aucun texte n'en prononça expressément la nullité. Ce fut en 1680 seulement que pour la première fois le mariage contracté entre orthodoxes et hérétiques fut déclaré
nul et de nul effet. Le préambule de cet édit (3)
porte que la tolérance des mariages entre orthodoxes et hérétiques expose les premiers à une tentation perpétuelle de se pervertir; qu'en conséquence il plaît au prince d'interdire absolument le
mariage de ses sujets catholiques avec ceux de la
religion prétendue réformée, de déclarer nuls les
mariages contractés au mépris de ces prescriptions,

(1) Pothier, *Mar.*, 379.
(2) *Idem*, 385.
(3) Novembre 1680.

et illégitimes les enfants qui en naîtraient. Ce n'était là encore qu'un empêchement aux mariages entre catholiques et protestants; l'édit d'octobre 1685 (1) vint mettre obstacle aux mariages des protestants entre eux ; mariages qu'un arrêté du Conseil du 15 septembre précédent avait entouré de difficultés exceptionnelles.

Les religionnaires eurent à choisir entre le concubinage et l'apostasie. Une telle situation était intolérable ; il fallut cependant attendre cent ans un changement de législation ; ce ne fut qu'en 1787 qu'un édit de Louis XVI vint permettre aux protestants de se marier légalement pardevant les officiers de justice civile du lieu de leur domicile (2).

Enfin, la différence de couleur formait, selon l'ancienne jurisprudence, un empêchement dirimant. Était nul aux termes du règlement de mars 1724 (mieux connu sous le nom de Code Noir) et de l'arrêt du conseil du 5 avril 1778, tout mariage contracté par un blanc avec un individu de race noire, ou tout au moins de sang mêlé.

§ II. Aux nullités absolues résultant de la violation des empêchements dirimants que nous venons d'exposer, deux autres nullités résultant soit de sa clandestinité, soit de la célébration imparfaite du mariage.

(1) Plus connu sous le nom de la révocation de l'édit de Nantes.

(2) Art. 15, 16 et 17 de l'édit de nov. 1787.

Dès le dixième siècle la publicité du mariage était devenue une condition de sa validité. En l'an 909, sous Charles. le-Chauve, le concile de Trosli dispose que la célébration doit être précédée d'une enquête publique sur la situation respective des futurs conjoints. Il y est dit que les parties doivent aller trouver le prêtre dans la paroisse duquel le mariage doit être célébré. Celui-ci, le peuple rassemblé, doit s'enquérir des empêchements qui peuvent mettre obstacle au mariage des futurs conjoints. Les assises de Jérusalem réclament à leur tour la publicité des bans, à l'église, au moment du prône à trois reprises différentes. Mais ces dispositions tombèrent en désuétude, et on considéra le mariage comme valable, dès lors que les parties étaient convenues de se prendre pour époux : c'était un retour au droit romain. De nombreuses décrétales de différents papes décidèrent que le consentement des parties était la seule condition essentielle à l'existence du mariage ; que dès lors les mariages, purement consensuels, que l'on appelait *sponsalia de præsenti*, étaient parfaitement valables aux yeux de l'Eglise ; à son tour le concile de Trente déclara nuls et sans effet les mariages contractés hors de la présence du prêtre, assisté de deux témoins au moins, et Henri III, adoptant « sur ce sujet du moins » les canons du concile de Trente, décida (ordonnance de Blois de 1570) que nul mariage ne serait valable qui n'aurait pas été célébré publiquement par le curé des conjoints, en présence de

139

quatre témoins, et interdit à tout notaire de recevoir aucun acte de mariage, par paroles de présents, prescriptions qui furent renouvelées par un édit de 1606. Pour arriver (1) à une publicité plus grande encore une ordonnance de Louis XIII de 1639 défendit aux curés de marier d'autres personnes que leurs paroissiens sans licence de l'évêque ou du curé d'iceux, dispositions qui furent complétées par l'édit de 1697, qui décida que les curés ne pourraient conjoindre en mariage d'autres personnes que celles qui demeuraient publiquement et actuellement dans leurs paroisses depuis six mois au moins, et depuis un an si les parties habitaient auparavant une paroisse appartenant à un autre diocèse. Enfin, aux termes du même édit, des publications devaient être faites au domicile des futurs, s'ils étaient majeurs ; et s'ils étaient mineurs, à leur domicile d'origine, et à celui de leurs père et mère, tuteur ou curateur. Un arrêt de 1674 fixait à trois le nombre des publications, sauf le cas de dispenses accordées en connaissance de cause.

Les édits et ordonnances de 1579, 1639 et 1697 prononçaient la nullité des mariages contractés au mépris des règles qu'ils édictaient (2).

(1) On trouve dans la collection de *Benedicta Civita* des capitulaires de Charlemagne ordonnant la célébration du mariage pardevant le curé du lieu.

(2) De plus, la déclaration de 1639 privait de tous effets civils les mariages que les époux tenaient secrets pendant leur vie, les mariages *in extremis* et ceux contractés par un mort civil, sans les annuler absolument.

Les nullités absolues résultant, soit de la violation d'un empêchement dirimant, soit de la clandestinité du mariage, et de l'incompétence du
curé qui l'avait célébré, pouvaient être proposées par
les deux conjoints et par toute personne actuellement intéressée à en faire prononcer l'annulation.
Quant aux collatéraux spécialement, ils ne pouvaient
en principe agir du vivant des époux : la jurisprudence leur était peu favorable ; elle tendait à
n'annuler guère que les mariages entachés de
défauts essentiels où la considération du bien
public semblait se joindre aux collatéraux pour s'é-
lever contre un mariage odieux (1). Au, témoignage
de d'Aguesseau le silence du père et de la mère des
conjoints, la possession d'état formaient autant de
fins de non recevoir qu'il leur était très difficile
de repousser. Quant au ministère public, à la partie
publique, pour employer l'expression du temps,
il devait, quand il y avait scandale public, poursuivre
les parties et les faire condamner à se séparer, mais
il n'agissait qu'en qualité de défenseur du bon
ordre, et ne devait inquiéter les parties que « pour
des vices qui offensassent le public. » Nous en trouvons la preuve dans la déclaration de 1697, qui
ne permet au ministère public d'attaquer un mariage
irrégulièrement célébré que pendant un an, bien que
ce délai passé ne suffît pas pour valider le mariage,
parce que « est-il dit dans la déclaration, ap ès l'année, la mémoire de l'irrégularité est censée s'être

(1) D'Aguesseau.

effacé de la mémoire du public. » Contrairement à la règle générale qui permettait à tout intéressé d'attaquer le mariage contracté au mépris d'un empêchement dirimant. On tenait que le vice d'impuissance ne pouvait être invoqué que par le conjoint de l'impuissant.

Ces nullités absolues étaient couvertes, celle résultant de l'impuberté des époux, par la cohabitation continuée après la puberté ; par les époux, par la grossesse de la femme impubère survenue depuis le mariage (1) ; celles résultant de la parenté et de l'affinité, à certains degrés seulement, par des dispenses même obtenues après le mariage contracté ; enfin celle qui résultait des vices de la célébration du mariage, ou de l'incompétence du prêtre, par la réhabilitation du mariage provenant d'une nouvelle célébration régulièrement faite, réhabilitation non seulement permise mais obligatoire dans certains cas (2) ; enfin dans certaines hypothèses par la possession d'état.

§ III. A côté de ces nullités absolues l'ancien droit reconnaissait deux sortes de nullités relatives, résultant, soit du vice du consentement des parties contractantes, soit du défaut de consentement du père, de la mère ou du tuteur de l'un des conjoints, selon les cas.

Il distinguait trois sortes de vices du consen-

(1) « Non debent separari, » dit une décrétale d'Alexandre III, « quum in eis ætatem malitia supplevisse videtur. »
(2) Ordonnance de 1697.

tement en matière de mariage : la violence, l'erreur, la séduction.

L'erreur dans la personne se pouvait produire de deux manières : par substitution à une personne connue, et par substitution à une personne inconnue ; elle seule qui pouvait donner ouverture à une action en nullité.

L'erreur dans les qualités était sans influence sur la validité de l'union contractée. Dans un seul cas, alors que l'un des époux était esclave, et que son conjoint le croyait libre, le mariage pouvait être attaqué (1).

Quant à la violence, on lui appliquait les règles de droit commun ; mais elle devait être prouvée, à la différence de la séduction, qui se présumait de droit, quand un mineur s'était marié sans le consentement de ses parents.

Les demandes en cassation de mariage, basées sur les vices du consentement, ne pouvaient être proposées que par l'époux violenté, séduit ou induit en erreur, et elles pouvaient être repoussées par certaines fins de non-recevoir.

L'action était non recevable en cas d'erreur sur la personne, quand il y avait eu cohabitation depuis la découverte de l'erreur ou réhabilitation expresse du mariage. Aucun temps n'était fixé pour que de la cohabitation on pût déduire ratification : cette appréciation était abandonnée à l'arbitraire des juges.

Quant à la violence, le Code civil déclare au-

(1) Pothier, de Héricourt, cap. V, art 2.

jourd'hui qu'une cohabitation de six mois, à commencer du jour où la violence a cessé, suffit pour rendre le mariage inattaquable. Il n'en était pas de même dans l'ancien droit, et un arrêt de 1651 déclara nul, pour cause de violence, un mariage contracté sous l'empire de la contrainte, mais qui avait été suivi d'une cohabitation de trois ans et dont il y avait des enfants vivants.

Quant au consentement des parents, indispensable au fils de famille en droit romain, il avait été lors de l'invasion, remplacé pour les filles par le consentement du Munduald (1). Les lois barbares n'obligeaient pas les enfants mâles, à obtenir le consentement de leurs parents. Pour eux, l'âge nubile n'arrivait qu'après la majorité. Dans le droit des Assises, le consentement des ascendants n'était pas requis. Aucun texte exprès, dans notre ancien droit, n'annulait expressément le mariage contracté par un enfant, sans le consentement de ses parents; mais de nombreuses dispositions législatives renfermaient implicitement cette nullité : par exemple, pour ne citer qu'un texte, l'ordonnance de Blois qui faisait défense à tous curés de célébrer aucun mariage sans qu'il leur fût justifié du consentement des parents, sous peine d'être considérés comme fauteurs du crime de rapt. C'était sur-

(1) « Si quis alterius filiam non desponsatam acceperit sibi » uxorem, si pater eam requirit reddat eam...» (Loi des Allemands, cap. 54, cité par Pothier, *Mar.*, 323.)

tout de cette disposition (1), qu'on faisait dériver la nullité du mariage contracté sans l'autorisation du père et de la mère, autorisation qui pouvait dans certains cas être suppléée par celle de justice (2). Il était de jurisprudence que cette nullité était couverte par une ratification expresse ou tacite, donnée par ceux qui pouvaient intenter l'action, ratification dont la validité était soumise à la souveraine appréciation des tribunaux. Cette ratification, non seulement validait le mariage, mais encore faisait tomber l'exhérédation qui pouvait avoir été faite par ce père en punition du mariage. L'action en nullité des parents était également non recevable lorsque le fils mineur, qui s'était marié sans le consentement de ses parents, déclarait, lorsqu'il était parvenu à un âge où il pouvait par lui-même consentir au mariage, persévérer dans sa première union.

La majorité matrimoniale était fixée à 21 ans pour les filles, à 25 ans pour les hommes ; si après cet âge, le mariage contracté sans le consentement des père et mère ne pouvait être annulé, les conjoints pouvaient être exhérédés (3).

Le mineur orphelin devait obtenir le consentement de son tuteur ou curateur, après délibération

(1) Et aussi de la déclaration de 1639 (septembre), qui réclamait le consentement des père, mère, tuteurs ou curateurs, pour la publication des bans.

(2) *V.* Pothier.

(3) Pothier, 341, *Mar.*

des plus proches parents, ou celui de justice, au cas où le tuteur se refusait à convoquer la famille.

Comme le père, le tuteur avait le droit d'attaquer le mariage contracté sans son consentement; mais seulement si la séduction était prouvée, si le mariage était désavantageux, ou s'il y avait entre les conjoints une grande inégalité de condition ou de biens.

§ IV. Deux voies étaient ouvertes aux parties contractantes pour faire annuler le mariage : demande en cassation portée devant le juge ecclésiastique, appel comme d'abus porté devant la grand'-chambre du parlement.

Les tribunaux ecclésiastiques compétents étaient les officialités des diocèses (1); ils ne pouvaient statuer que sur la validité ou l'invalidité du mariage. Les questions de dommages et intérêts, l'appréciation des faits matériels n'étaient pas de leur ressort, et devaient être portées au juge séculier. Quant aux parlements, chargés de veiller au maintien des ordonnances et des canons reçus en France, et devenus lois de l'Etat, ils avaient qualité pour annuler tous actes ou procédures émanant de l'autorité ecclésiastique, faits au mépris des dispositions législatives en vigueur dans la monarchie.

L'appel comme d'abus avait pris naissance dans les conflits de juridictions entre le pouvoir judiciaire et le pouvoir ecclésiastique. En cas d'empiétement

____

(1) Pothier, *Mariage* ; de Héricourt, *Lois ecclés.*

dos tribunaux du clergé, en cas d'excès de pouvoir d'un fonctionnaire de l'ordre religieux, l'autorité séculière avait jugé que le recours à un juge ecclésiastique supérieur, qu'elle soupçonnait de partialité, serait dans bien des cas inutile et sans résultats, et d'accord avec les parlements, elle avait décidé qu'en ce cas l'appel serait porté au juge laïque, chargé de casser les décisions des juges ecclésiastiques qui lui sembleraient contraires aux lois de l'État. La théorie de l'appel comme d'abus ne fut, au reste, nettement formulée qu'au seizième siècle (1). Nous n'avons pas à rechercher quelles en furent les conséquences au point de vue politique ; mais il est certain que l'introduction de l'appel comme d'abus eut, au moins en matière de nullités de mariages, un résultat très-important.

Les juges ecclésiastiques appliquaient à la lettre la fameuse maxime que l'homme ne peut séparer ce que Dieu a uni. Aussi, n'y avait-il, en matière de cassation de mariage, aucun jugement émané du juge ecclésiastique qui acquît l'autorité de la chose jugée. Beaumanoir donne de curieux exemples des résultats bizarres que pouvait amener un tel état de choses (2). Il cite tel mariage qui, d'abord annulé, avait ensuite été déclaré valable par le juge ecclésiastique de nouveau saisi de l'affaire par l'une des parties, bien que dans l'intervalle l'un des conjoints

(1) M. de Valroger à son cours.
(2) Beaumanoir, cité par M. Chambellan.

séparés eût contracté une seconde union. Les décisions des parlements avaient le grand avantage d'être définitives et de faire sortir les familles des déplorables incertitudes où les pouvaient laisser les décisions des juges ecclésiastiques.

Les demandes en cassation, portées devant le juge ecclésiastique, étaient, du reste, réservées aux prétendus conjoints et à eux seuls ; les père, mère, tuteur ou collatéraux n'avaient que la voie de l'appel comme d'abus ouverte également aux époux.

§ V. Tel était, en résumé, le droit de l'ancienne France en matière de nullité de mariage. Les derniers restes de la juridiction ecclésiastique devaient disparaître aux premiers jours de la révolution. Celle-ci vint profondément modifier les principes qui régissaient le mariage. La loi du 18 septembre 1792 introduisit entre le contrat civil et le contrat religieux cette séparation tranchée qui est devenue un des principes fondamentaux de notre droit. Aux termes de cette loi, le droit de célébrer le mariage est remis aux officiers de l'ordre civil, sous la surveillance desquels sont faites les publications. L'âge compétent pour contracter mariage est fixé pour les hommes à quinze ans, pour les femmes à treize ans.

Le mineur de vingt-un ans doit avoir le consentement de son père ;

A défaut du père, de la mère, et s'ils sont tous deux incapables, il doit justifier de l'assentiment d'un conseil de famille composé des plus proches parents (1) ou voisins, s'il ne se trouve pas de parents en nombre suffisant, délibérant sous la présidence d'un officier municipal. Les anciennes prohibitions, basées sur la parenté ou l'alliance, sont réduites ou abrogées. Le mariage reste interdit, en ligne directe, entre parents et alliés; en ligne collatérale, le mariage seul du frère et de la sœur est interdit : plus d'empêchements basés sur l'alliance spirituelle, la séduction, l'adultère. Enfin, le divorce est admis. L'empêchement résultant de la diversité de religion avait disparu depuis le jour où la liberté des cultes avait été proclamée (28 août 1789, 3 septembre 1791). Les lois des 13-19 février 1790 et du 18 août 1792, en supprimant les communautés religieuses en France, avaient rapporté l'empêchement dirimant qui naissait des vœux monastiques. Enfin, le mariage des ecclésiastiques réguliers était sinon encouragé, au moins très-explicitement autorisé par les décrets des 19 juillet et 12 août 1793. L'ancien droit avait donc disparu en entier quand le Code Napoléon fut promulgué.

Des nullités de mariage d'après le code civil.

Le titre du mariage a été décrété le 26 ventôse et promulgué le 6 germinal an XI (17-27 mars 1803). Dans les articles 144 à 171, le législateur a déterminé les qualités et conditions requises pour contrac-

______

(1) Au nombre de cinq.

ler mariage ; exposé quelles formalités devaient en précéder ou en accompagner la célébration. Il a, dans les articles 180 à 194, exposé quand et dans quels cas les contraventions aux règles par lui tracées, entraînaient la nullité du mariage contracté.

Ces nullités peuvent, au point de vue des causes qui les font naître, se diviser en quatre groupes principaux :

Nullité résultant de la violation d'un empêchement dirimant.

Nullité résultant du défaut de publicité ou de l'inc ompétence de l'officier qui a célébré l'union.

Nullité résultant du défaut de consentement des père, mère, ascendants, ou du conseil de famille.

Enfin, nullité résultant des vices du consentement des conjoints.

Parmi elles, les unes ont été introduites dans l'intérêt de quelques personnes déterminées, les autres dans l'intérêt de la société tout entière et de l'ordre public.

Les premières sont appelées nullités relatives ; les autres nullités absolues.

Les premières ne peuvent être proposées que par quelques personnes déterminées ; leur caractère principal est d'être essentiellement temporaires et susceptibles d'être couvertes par la ratification expresse ou tacite de ceux à qui la loi accorde l'action.

Les secondes peuvent être proposées par tous intéressés ; elles sont, au moins en principe, perpétuelles et insanables.

Il est deux causes de nullités relatives :

1° Vices du consentement des époux ou de l'un d'eux ;

2° Défaut de consentement des ascendants ou du conseil de famille, alors que ce consentement était requis.

Et quatre causes de nullité absolue :

1° L'impuberté des époux ou de l'un d'eux ; 2° la bigamie ; 3° l'inceste ; 4° le défaut de publicité et l'incompétence de l'officier qui a célébré le mariage.

1° Des nullités relatives.

CHAPITRE PREMIER.

VICES DU CONSENTEMENT DES ÉPOUX : NULLITÉS QUI EN RÉSULTENT. — DES MARIAGES NULS ET ANNULABLES.

§ 1ᵉʳ. Le mariage est un contrat civil, a dit la constitution de 1791. — Or, pour qu'un contrat se puisse former, il faut le concours de deux volontés, *in idem placitum.* Le consentement des parties est la condition essentielle de tout contrat ; sans lui, aucune relation de droit n'existe entre les parties, aucune obligation n'a pris naissance.

De plus, s'il y a eu consentement, il faut que le consentement ait été donné en pleine liberté, en connaissance de cause, par une personne ayant la capacité juridique de contracter, sinon le consentement est vicieux, et le contrat qui en est la suite, est non plus, comme dans notre première hypothèse, nul, inexistant, mais défectueux et annulable.

Grande est l'importance de cette distinction, et il importe de ne pas confondre un contrat nul et un contrat annulable. Les conséquences qui en résultent sont très-différentes. L'acte nul est celui qui manque de ses qualités constitutives et essentielles ; inexistant aux yeux de la loi, il ne peut, ni ne doit en principe produire aucun effet : pour lui il ne peut jamais y avoir lieu à ratification postérieure : pour ratifier il faut un acte préexistant, *quod nullum est confirmari nequit.* Tout au contraire, l'acte annulable est celui qui, réellement formé, a une existence à lui propre, existence, il est vrai, entachée d'un vice, qui peut en entraîner l'annulation, mais qui, tant que celle-ci n'a pas été proposée, produit tous les effets que s'il était valable il serait destiné à produire. Le vice peut être couvert par la ratification, et alors l'acte devient tout aussi valable que s'il avait été tout d'abord exempt de l'irrégularité qui le rendait imparfait et annulable.

Dans les deux cas, il est vrai, il faut, s'il y a contestation, s'adresser aux tribunaux ; mais les conditions des deux recours sont bien différentes : dans la première hypothèse, on ne demande pas au tribunal de casser, d'annuler le mariage ou l'acte dont il s'agit, on lui demande de reconnaître et de proclamer que cet acte n'existe pas et n'a jamais existé.

Alors que dans la deuxième, il faudra recourir à une action en nullité (pour employer les termes de la loi), à une action en cassation que la loi doit organiser; en indiquant quand et dans quelles hypothèses, pendant quel délai et par quelles personnes elle pourra être proposée.

Cette règle générale des contrats, cette distinction entre la nullité et l'annulabilité doit-elle être étendue à la matière qui nous occupe ? en d'autres termes, y a-t-il des mariages nuls, et des mariages annulables ?

Il n'y a pas de mariage sans consentement, dit l'article 146.

Le mariage qui a été contracté sans le consentement libre des deux époux ou de l'un deux ne peut être attaqué que par les époux ou par celui des deux dont le consentement n'a pas été libre, ajoute l'article 180.

Ces deux articles ne font-ils que reproduire une même règle, répéter en termes différents une même idée, ou bien visent-ils deux hypothèses distinctes, l'hypothèse où le mariage est inexistant, parce qu'il n'y a pas de consentement.

Et l'hypothèse où le mariage a été irrégulièrement contracté, où il est annulable ?

Cette distinction logique du commun accord de tous les auteurs, n'a pas, selon quelques uns, passé dans notre droit. L'ancien droit ne l'avait pas admise, et Pothier, pour son compte, confondait certainement les deux hypothèses. La discussion du Conseil-d'Etat est très-obscure ; les rédacteurs du Code ne semblent pas, eux non plus avoir bien distingué d'abord la nullité et l'annulabilité. Le mot *nullité*, employé dans la rubrique du chapitre 4 du livre Ier, où il n'est question justement que de mariages annulables est resté comme une preuve des incertitudes et des embarras des rédacteurs du Code. Cependant, à prendre la discussion dans son ensemble, la distinction entre les mariages nuls et annulables paraît avoir été définitivement admise.

L'article 146 en est la consécration : on avait proposé de le transporter au chapitre 18 où il est traité des demandes en nullité. Le premier Consul s'opposa à la proposition, en se fondant sur ce motif..... « que ce serait mêler le cas où il n'y a pas de mariage et celui où il pourrait être cassé : » opinion qui fut définitivement consacrée par la rédaction différente des deux articles 146 et 180. Il n'y a pas de mariage, dit le premier ; le mariage pourra être attaqué, dit le second.

Il avait été question également de déterminer et d'organiser l'action en nullité de mariage résultant de la mort civile de l'un des conjoints. Le premier Consul s'y oppose encore ; il ne veut pas d'un semblable article, « parce que il paraît supposer un mariage quelconque du mort civilement, mariage qui subsisterait s'il n'était pas cassé. » Son opinion est « qu'il vaut mieux ne pas parler de ces sortes de mariages.» Après discussion, l'article est supprimé. Ne pas admettre de distinction entre les mariages nuls et les mariages annulables, c'est valider des unions impossibles à maintenir ; c'est se laisser désarmer contre des mariages que la logique la plus simple, le bon sens seul amènent à considérer comme inexistants. Les règles tracées par la loi aux titres des nullités de mariages ne peuvent s'étendre qu'aux hypothèses qu'elle a prévues. C'est au moins ce qui résulte du discours de M. Portalis devant le Corps législatif.

Si l'on n'admet pas de distinction entre les mariages nuls et annulables, que décider du mariage contracté par deux personnes du même sexe ?

La loi, au titre des nullités, n'a pas prévu le cas. Faudra-t-il donc le maintenir ?

Non, car les éléments du mariage manquent, font défaut ; car si la loi est muette, si, comme le disait le premier Consul, elle n'a pas parlé de ces sortes d'unions, organisé d'action en nullité contre elles, c'est qu'on n'attaque que ce qui existe ; c'est que la loi ne pouvait annuler un contrat qui ne s'était jamais formé.

Et maintenant dans quel cas y aura-t-il inexistence, nullité de mariage, en employant le mot nullité dans son véritable sens, non plus comme synonyme, mais comme opposé d'annulabilité ? Selon nous, dans quatre cas seulement :

1° Quand l'un des conjoints est mort civilement (1). (art. 25 Cod. civ.).

(1) La mort civile a été abolie par la loi du 31 mai 1854.

2° Quand les deux conjoints sont du même sexe.

3° Quand, au lieu de se présenter devant un officier de l'état civil quelconque, les parties ont eu recours à tout autre individu sans caractère légal pour procéder à la célébration du mariage.

4° Quand les parties ou l'une d'elles n'ont pas consenti au mariage ; quand, par exemple, l'un des prétendus conjoints n'a pas comparu devant l'officier de l'état civil, ou quand en présence de l'officier civil il n'a voulu ou pu consentir, par exemple, parce qu'il se trouvait en état actuel de folie ou de démence.

Serait aussi nul, selon nous, le mariage contracté par un interdit. Nul, parce que, aux termes de la loi, le tribunal en prononçant l'interdiction reconnaît par là même que le défendeur à l'interdiction se trouve en état habituel d'imbécillité, de démence, de fureur ; nul, parce que le jugement qui prononce l'interdiction crée pour l'interdit une incapacité juridique absolue, une présomption légale de folie toujours permanente ; nul, parce que l'interdit ne peut plus légalement consentir, et qu'il n'y a pas de mariage sans consentement.

On objecte, il est vrai que l'art. 502 annule tous actes passés par un interdit, que si on ne peut dire que l'interdit passe un acte quand il contracte mariage ; que dès lors, quant au mariage, l'interdit n'est pas sous le coup de l'incapacité édictée par l'art. 502. Se marier n'est pas passer un acte ! mais c'est s'engager d'une manière plus grave que quand

on passe une vente, quand on consent un prêt.
Un majeur de 21 ans, peut vendre, peut acheter,
sans l'intervention de personne ; il ne peut se marier qu'avec le consentement des ascendants. Le
mineur émancipé peut passer bail, recevoir
ses revenus, en donner décharge, et cependant
pour contracter mariage il lui faut le consentement
de ses ascendants ou de son conseil de famille ; et
l'interdit, qui ne peut disposer d'un centime, qui
n'a pas la disposition de la plus infime partie de ses
revenus, pourrait, s'il a plus de 25 ans, contracter
mariage, prendre femme, grever ses biens de l'hy-
pothèque légale que la loi accorde à la femme mariée, établir à côté de lui un associé de tous les
instants, dont la considération, la bonne renommée font en quelque sorte partie de son crédit
moral ! Ce serait une inconséquence.

Par qui seront réglées les conventions matrimo-
niales de l'interdit ? A qui donnerez-vous le droit
d'invoquer la nullité si le conjoint meurt en
état d'interdiction ? Prétendrez-vous que le mariage
a été contracté dans un intervalle lucide ? L'ancien
droit, il est vrai, on admettait alors la validité ! Mais
avez-vous oublié que ce n'était pas seulement lorsqu'il s'agissait de mariage, mais dans tous les cas que
l'ancien droit permettait de prouver qu'au moment
du contrat l'interdit se trouvait momentanément en
pleine possession de son intelligence et de sa raison ?
Avez-vous oublié que la loi, aujourd'hui, annule les
actes de l'interdit, absolument, sans distinguer s'ils

ont été faits pendant un intervalle lucide, ou non ?
Pourquoi donc faire exception pour le mariage ?
Reportez-vous au projet.de Code de l'an VIII. Qu'y
est-il dit : « L'interdit pour cause de démence et
de fureur est incapable de contracter mariage. »

Le 7 messidor an X, lors de la communication
officieuse au Tribunat du Code actuel, la section
demanda qu'on joignît au projet un article qui éta-
blît que, en fait de mariage, l'interdit est incapable
de donner un consentement valable, lors même
qu'il aurait des intervalles lucides. La proposition
ne fut pas admise par le Conseil d'État, parce que,
fut-il dit, il était inutile d'établir dans un article
spécial l'incapacité de l'interdit en matière de mariage, incapacité qui découlait des principes généraux qui exigent pour le mariage un consentement
valable.

Ajoutez le passage suivant du discours du conseil
ler d'État Emmery (1) : « En général ils, (ceux qui
sont munis d'un conseil judiciaire), sont habiles à
contracter : ils peuvent se marier, ils peuvent faire
un testament, ce que ne peuvent pas faire les
interdits. »

La question, du reste, se résout à ceci :

L'absence totale de consentement empêche-telle
le mariage de se former? Oui certainement.

Or, l'individu en état actuel de démence est
incapable de donner aucune espèce, aucune ombre

_____

(1) Séance du 28 ventôse au XI.

do consentement (1), et la loi a créé l'interdiction,
« c'est-à-dire frappé d'une incapacité permanente
celui qui était dans un état habituel de folie, afin
do disposer l'interdit ou ses représentants de la
nécessité do prouver que tel ou tel acte émané de
lui a été fait dans un moment d'aliénation men-
talo (2). »

L'interdiction établissant, ainsi que cela résulte
des dispositions de la loi, une présomption légale
do folie, de démence toujours existante, doit nécessairement et toujours être un obstacle à la validité
du mariage de l'interdit :

*Parce qu'il n'y a pas de mariage quand il n'y a
pas de consentement.*

Nous devons avouer, cependant, que cette solution est très vivement combattue, et que la très-
grande majorité des auteurs soutiennent, les uns
seulement l'annulabilité, les autres la validité ou
la nullité du mariage selon les cas.

Quant à l'interdit légal, on est d'accord pour
admettre qu'il a qualité pour donner un consentement valable, et que, partant, le mariage par lui
contracté ne peut être attaqué.

La même solution doit être donnée en ce qui
concerne la personne munie d'un conseil judiciaire;
les articles 513 et 509 déterminent spécialement et
restrictivement les actes qui leur sont défendus, les
droits qui leur sont retirés : le droit de contracter

(1) Merlin, *Quest. de droit,* VIII, 441.
(2) Valette sur Proudhon, I, 375.

mariage n'est pas du nombre. Ils peuvent donc valablement se marier; c'est ce qui résulte, au surplus,
très-nettement du discours de l'orateur du Conseil
d'État.

Les sourds-muets n'étaient pas incapables de
contracter mariage d'après notre ancienne jurisprudence; ils ne le sont pas davantage aujourd'hui,
dès lors qu'ils peuvent clairement manifester leur
volonté.

C'est aux tribunaux qu'il appartiendra de décider, d'après les circonstances, si le sourd-muet a
ou non consenti (1). Il en sera de même en ce qui
concerne une personne non interdite, atteinte de
simple folie intermittente. Tout se réduira à une
question de fait :

Y a-t-il eu, oui ou non, consentement ?

§ 1. — *Des vices du consentement proprement dit.*

Supposons, maintenant, que le consentement
ait été donné par une personne à qui la loi
accorde la capacité juridique de consentir, le mariage sera-t-il toujours inattaquable? Non, car ce
consentement peut être entaché de vices assez
graves pour entraîner l'annulation du contrat qui
en est la suite.

En règle générale, la loi reconnaît trois causes
de l'annulabilité des contrats : la violence, le dol
et l'erreur.

(1) Locré.

Aux termes de l'article 180 : « Tout mariage contracté sans le consentement libre des deux époux, ou de l'un d'eux, peut être attaqué par les époux ou celui des deux dont le consentement n'a pas été libre ; » il en est de même « lorsqu'il y a eu erreur dans la personne de l'un des conjoints. »

Ainsi, voici la violence et l'erreur formellement reconnues par la loi comme vices du consentement, comme suffisant pour rendre annulable le mariage qui en est entaché.

En est-il de même du dol ? ne doit-on pas appliquer les expressions un peu générales de l'article 180 : « sans le consentement libre des époux, » au dol comme à la violence ? Philosophiquement parlant, le dol comme la violence est un obstacle à l'entière liberté du consentement : mais ce n'est pas là, croyons-nous, le sens que la loi a entendu donner aux expressions dont elle s'est servie ; elle n'a voulu, dans la première partie de l'article 180, parler que de la violence, et cela résulte très-nettement des travaux préparatoires du Code, et du discours de M. Portalis où il n'est jamais question que de violence, jamais de dol : Violence et défaut de liberté sont synonymes.

« Le *défaut de liberté*, dit-il, est un fait dont le premier juge est la personne qui prétend ne pas avoir été libre. Des tiers peuvent avoir été les témoins des procédés extérieurs, desquels on se croit autorisé à conclure, qu'il y a eu *violence* ou *contrainte*. Mais, etc... »

Et de même, dans les différents projets de Code successivement élaborés, il n'est jamais question que de la violence. Pourquoi alors, lors de la rédaction définitive, ne pas avoir, pour trancher toute difficulté, substitué à cette formule un peu vague : « dont le consentement n'a pas été libre, » d'autres expressions plus catégoriques, plus nettes, faisant mieux ressortir la pensée du législateur? Sur les observations du premier Consul, le mot violence, proposé par la section de législation a été supprimé. Il craignait, disait-il, que la rédaction du projet ne fît supposer que les rédacteurs du Code ne voulaient parler que de la violence physique et non de la violence morale. Or, d'après lui, il fallait trouver un mot qui les embrassât toutes deux : « Le mot violence, qu'emploie la section, est, dit-il, trop pris dans le sens physique; il serait bon de trouver un terme générique. » De là le texte de l'art. 180.

L'ancien droit, au surplus, ne considérait pas le dol comme une cause de nullité du mariage contracté. « En mariage trompe qui peut, dit Loysel. »

Sans admettre, comme certains auteurs, que la bonne foi complète soit chose bien rare , il est évident que faire dépendre l'état d'une famille, la validité d'un mariage de quelques manœuvres dolosives qui auront précédé l'union, c'est s'exposer dans bien des cas à de graves complications; c'est en quelque sorte permettre aux conjoints de rompre l'union contractée, pour de simples désillusions, pour un intérêt pécuniaire de minime importance;

faire dépendre l'existence du mariage du paiement intégral de la dot promise. L'intérêt bien entendu de la société s'opposait à l'admission d'un principe si fécond en inconvénients et en difficultés.

Même en matière de contrats, le dol n'est admis qu'avec certaines réserves. Il doit avoir été directement pratiqué par l'une des parties contre l'autre : l'action qui en dérive est au moins autant une action en dommages-intérêts, qu'une action en rescision : la loi ne le considère comme vice de consentement que parce qu'il amène l'erreur. Or, en matière de mariage, il n'est d'autre erreur reconnue par la loi que l'erreur dans la personne. Le dol n'a donc pas été, d'après nous, et ne pouvait pas être compris dans les causes d'annulabilité du mariage.

Quant à la séduction, nous déciderons comme pour le dol; par elle-même l'idée de séduction repousse l'idée de violence, de contrainte. Tout au plus la pourrait-on considérer comme le résultat de manœuvres dolosives qui, nous le savons, sont sans influence sur la validité du mariage (1).

La même solution doit être donnée en ce qui concerne le rapt proprement dit qui, le plus souvent,

(1). L'ancienne législation, en faisant du rapt de séduction une cause de nullité, avait, avant tout, voulu prévenir les mésalliances. Le même motif ne pouvait plus exister lors de la rédaction du Code civil, comme on le fit remarquer au Conseil d'Etat : les travaux préparatoires sont au surplus très-concluants et très-catégoriques. La nullité résultant de la séduction n'a pas passé dans notre droit. (Conf. rapport du tribun Gillet.)

comme le faisait remarquer l'ancien droit, se con-
fond avec la séduction. Mais il peut changer de
caractère, d'après les circonstances qui l'accompa-
gnent, et se confondre avec la violence, dont nous
avons maintenant à étudier les conséquences et les
effets.

§ II. La violence aujourd'hui, comme dans le
droit romain, comme dans l'ancien droit, est considérée comme le vice destructif par excellence de la
liberté du consentement, qu'elle altère dans son
essence. La loi, au titre du mariage, n'indique pas
spécialement quand et dans quel cas elle reconnrîtra
à la violence des caractères suffisants pour entraîner
la nullité du mariage. Il faut donc se reporter aux
règles du droit commun en matière de violence,
c'est-à-dire aux art. 1111 et 1114.

Elle doit être considérable, de nature à faire im-
pression sur une personne raisonnable.

Peu importe que la violence exercée soit physique
ou morale, pourvu qu'elle soit de nature à faire
craindre un dommage considérable et présent ;

Qu'elle soit le fait d'un tiers ou le fait de l'une
des parties contractantes ;

Qu'elle menace directement la personne avec laquelle on veut contracter, ou ses ascendants, ses
descendants ; enfin, la crainte révérentielle envers
les parents n'est point considérée comme de nature
à vicier le consentement.

Pothier exigeait en outre que la violence fût *contra bonos mores*. Cette disposition doit-elle être

appliquée au cas qui nous occupe? En d'autres termes, la violence de droit suffirait-elle pour rendre le mariage annulable? Ce n'était pas l'avis de Pothier; il n'admettait pas que la crainte qu'un débiteur concevrait d'être incarcéré par ses créanciers, s'il ne contractait pas mariage, constituât une violence proprement dite, parce que c'est là une *voie de droit*, et que l'exercice d'un droit ne peut être légalement considéré comme une violence. Cette théorie nous semble bien absolue : et cependant l'adoption du système opposé conduirait à des conséquences graves, à annuler le mariage contracté par le ravisseur avec la fille qu'il a enlevée : (seul moyen que la loi lui accorde pour se soustraire aux poursuites du ministère public, sinon à celles des parents de la mineure,) ce qui, selon nous, serait contraire à l'esprit de la loi. Aussi, croyons-nous qu'il est impossible en pareille matière d'avancer une proposition générale.

Ce que la loi a voulu, c'est sauvegarder la liberté du consentement des contractants. En ordonnant aux juges d'avoir égard au sexe, à la condition, à l'âge des personnes violentées, elle leur a remis entre les mains un certain pouvoir d'appréciation indispensable en pareille matière, et qui, selon nous, doit s'étendre à toutes les hypothèses que la loi, dans les articles 1111 à 1114, n'a ni prévues ni réglementées.

§ III. Lorsqu'il y a erreur dans la personne, dit l'art. 180 2°, le mariage pourra être attaqué par celui des époux qui a été induit en erreur.

Quelle est cette erreur dans la personne, dont parle l'art. 180?

S'applique-t-elle au cas où il y a eu substitution d'une personne à l'autre au moment de la célébration? s'agit-il de l'erreur sur l'identité physique du conjoint? Mais cette erreur sur l'identité physique ne peut durer longtemps; il est impossible qu'elle se prolonge après la célébration : dès lors que signifie la disposition de l'art. 181, que signifient ces expressions : six mois depuis que l'erreur a été reconnue? Comment admettre que l'erreur sur l'identité physique du conjoint puisse persister après le mariage? Évidemment, c'est que les rédacteurs du Code ont eu en vue autre chose que l'erreur sur la personne physique. Reportons-nous aux travaux préparatoires. M. Fourcroy pense qu'il ne faut pas trois mois pour reconnaître physiquement la supposition de personnes. Le premier Consul répond que « ce délai n'est pas trop long, puisque l'identité dont il s'agit n'est pas seulement l'identité physique, mais encore l'identité morale du nom, de l'état, etc. »

L'article 180 s'applique donc, et les travaux préparatoires ne permettent pas d'en douter, à une autre erreur qu'à l'erreur sur la personne physique : cette dernière est exclusive de tout consentement.

« Le mariage que j'ai contracté avec Jeanne, que je prenais pour Marie, est nul pour défaut de consentement ; car le concours des volontés des deux parties pour une chose , *duorum in idem placitum consensus*, ne se trouve pas dans cette espèce (1). »

« Il n'y a pas de mariage lorsqu'un autre individu a. été substitué à celui que l'on a consenti d'épouser, » dit le premier Consul au Conseil d'Etat (2).

Ainsi, erreur sur la personne physique, pas de consentement : mariage nul. A quelle erreur se réfère donc l'art. 180 ?

Lors de la communication du projet aux tribunaux de la réjublique, le tribunal de cassation avait demandé que l'on substituât aux mots: «erreur dans la personne» de l'art. 180, ces autres expressions : « erreur sur l'individu. » Cette modification ne fut pas admise après discussion au Conseil; et malgré l'obscurité et le peu de précision des délibérations, il est possible de se rendre compte des motifs qui ont fait rejeter la proposition du tribunal de cassation.

L'individu : c'est l'aggrégation des qualités corporelles qui font de l'homme un être vivant ; personne : c'est l'ensemble des qualités qui distinguent chaque citoyen dans la société, dans la famille. A l'état de nature, le mariage n'est que l'union des êtres corporels, des individus, tandis que dans l'état de société, on considère essentiellement, nécessaire-

(1) Pothier, mar, 308.
(2) Séance du 24 frimaire au X, Fenet 9, p. 00 et s.

ment, tout ce qui constitue l'état civil, tout ce qui personnifie l'individu, c'est-à-dire, tout ce qui fait de l'être vivant un membre de la société organisée, ayant un nom, un état, des relations précises (1). La loi n'exige-t-elle pas (art. 76) que dans l'acte de mariage soit constatée la personnalité civile et sociale des parties contractantes? Reportons-nous aux travaux préparatoires. « Il y a mariage, dit le premier Consul, mais mariage susceptible d'être cassé, lorsque l'individu étant physiquement celui sur lequel le consentement a porté, n'appartient pas cependant à la famille dont il prend le nom.—Dans notre législation actuelle, ajoute M. Emmery, il y a erreur dans la personne, toutes les fois que l'acte de naissance se trouve faux, parce que le mari a consenti à épouser la fille d'un individu déterminé. » Et M. Maleville : « Ce serait vainement que l'on voudrait réduire l'application de cette règle (2) à l'erreur sur la personne physique avec laquelle on se présente. Une règle si juste et si sage a donc nécessairement un autre objet : c'est la personne sociale. « Ainsi, les travaux préparatoires sont formels ; il s'agit dans l'art. 180 de l'erreur dans la personne sociale, de l'erreur dans la personne civile de l'un des conjoints. Le mariage que la loi annule, c'est le mariage contracté avec un individu qui s'est faussement attribué un état civil qu'il n'avait pas ;

(1) M. Labbé.
(2) Celle de l'art. 180.

un nom, des relations sociales qui ne lui appartenaient pas.

Prenons un exemple tous les jours employé, mais qui rend la démonstration plus claire, plus évidente.

Je suis convenu avec une personne que je connais, qu'elle m'enverra tel ou tel membre de sa famille que je désire unir à quelqu'un des miens. Un individu se présente, muni de pièces qui semblent constater son identité sociale, sa filiation : le mariage est célébré; plus tard on découvre que la personne, qui s'est présentée ne tient ni de près, ni de loin, à l'état civil qu'elle s'est donné : le mariage pourra-t-il être annulé. Oui, parce que ce qui constituait la personne de l'époux, ce n'était pas l'individualité physique, mais la qualité supposée de membre de la famille de telle personne déterminée, parce que, a dit le Consul Cambacérès au Conseil d'Etat, « on doit considérer le consentement comme erroné, lorsque l'individu qui l'a donné épouse la fille d'un autre que celui avec lequel il voulait s'allier; parce que, ajoute le ministre de la justice, les mariages forment des liens, non seulement entre les époux, mais aussi entre les familles; parce que d'ailleurs ce serait réduire l'époux à une condition trop dure que de le forcer à garder une femme qu'il aurait épousée comme *la fille de son ami*, lorsque celle à laquelle il voulait s'unir serait arrivée et aurait détruit son erreur. »

Il faut noter, du reste, qu'au Conseil d'Etat, il n'a

jamais été question que du cas où « on a épousé la fille d'un autre que celui auquel on voulait s'allier ; » que de la substitution à une personne inconnue; que de l'erreur sur le nom, la famille, l'état de l'un des conjoints ; qu'on y a sagement compris qu'étendre plus loin l'action en nullité, c'était porter une grave atteinte à l'indissolubilité du mariage. On doit décider par conséquent que à l'erreur sur la personne civile s'arrête la nullité de l'article 180 ; que l'erreur sur les qualités ne saurait suffire pour entraîner l'annulation du mariage. Les travaux préparatoires du Code ne peuvent laisser aucun doute à cet égard. « On a toujours pensé, dit le consul Cambacérès, que l'erreur sur les qualités ne portait point préjudice au mariage, comme lorsqu'un citoyen épouse une veuve pour une fille. » On a toujours jugé, ajoute M. Maleville, que le mariage demeurait hors d'atteinte quoique on eût épousé une fille roturière la croyant noble, une fille pauvre la croyant riche, » et cela se comprend, car, en fait comme en droit, c'est bien là la personne que l'on voulait épouser, et sa situation légale reste la même, que sa fortune soit plus ou moins grande, ses antécédents plus ou moins purs, sa considération plus ou moins solidement établie.

A cette théorie on objecte la difficulté où on se trouve de bien déterminer où s'arrête la personne civile, où commencent les qualités. Nous dirons qu'il y a erreur dans les qualités, quand la présence ou l'absence de ces qualités ne suffit point pour modi-

fier la situation sociale ; l'état civil, de l'individu.
Que la moralité, la fortune, la capacité juridique
d'un individu viennent à changer, sa situation dans
la famille, dans la société, en est-elle légalement
modifiée? Non. Mais que sa filiation, son nom, son
état civil ne soient plus les mêmes, sera-ce toujours
dans la famille, dans la société, le même homme
qu'avant que ce changement ait eu lieu ? Non. Si
donc quand l'erreur porte sur la filiation, le nom,
l'état de l'un des conjoints, il y a erreur dans la personne civile ; qu'elle porte sur tout autre attribut,
il y aura erreur sur les qualités, et partant pas d'action en nullité possible.

Mais si l'on n'admet point, qu'en principe l'erreur sur les qualités soit une cause de nullité du mariage, ne doit-on pas au moins faire une exception
pour les qualités nécessaires, pour que les conjoints
puissent accomplir le but du mariage ; en d'autres
termes l'impuissance est-elle une cause de nullité?
Le Code garde à ce sujet un silence absolu. « On
n'a pas fait, dit Tronchet, de l'impuissance l'objet
d'une action en nullité, et le silence de la loi est
fondé en raison, car il n'est pas de moyen de
reconnaître avec certitude l'impuissance. » On
s'est emparé de ces dernières expressions pour
soutenir que dans le cas où elle peut être établie et
reconnue, elle doit être un motif de nullité. Mais
comment donc la reconnaître, l'établir? Comment
la prouver ? Indépendamment du scandale qui
résulterait d'un jugement ordonnant l'enquête sur

un tel sujet, que déciderait-on si l'une des parties faisait défaut? La ferait-on visiter de force? Mais l'époux peut se soustraire par la fuite à une enquête aussi humiliante. Serait-il permis d'ailleurs, en matière civile, de recourir à la force pour contraindre l'époux à comparaître et à se soumettre? Mais il n'est aucune loi qui en matière civile ordonne cette comparution forcée; ce n'est plus dans notre droit que le demandeur peut traîner ou faire traîner le défendeur à la barre, *obtorto collo*. La seule peine du défendeur non comparant, est la condamnation par défaut : en matière d'interrogatoire sur faits et articles, le cas où notre loi s'occupe avec le plus de soin de la comparution personnelle des parties devant le juge, qu'arrive-t-il au cas où une d'entre elles refuse de répondre, ou néglige de se présenter : les faits allégués sont tenus pour avérés. Pourquoi donc créer, pour un cas spécial, une dérogation aux principes généraux, une exception que nul texte de loi n'autorise, ou ne tolère; tenir pour impuissante la partie qui refuse de se laisser visiter, qui résiste de toutes ses forces à cette scandaleuse violation de la liberté individuelle? Prononcer la nullité du mariage faute par le défendeur de comparaître, c'est autoriser, organiser, encourager les divorces par consentement mutuel, les annulations amiables que notre droit défend : c'est prêter la main aux violations les plus éhontées des règles les plus sages de nos lois. Aussi n'hésitons-nous pas à soutenir que l'impuissance, qu'elle soit naturelle ou accidentelle (peu importe), ne constitue pas une cause de nullité de mariage. Il est facile de se convaincre, en se reportant aux travaux préparatoires, que les rédacteurs du Code ont entendu bannir sans retour ces procès scandaleux qui avaient pour prétexte des infirmités plus ou moins graves, proscrire les visites indécentes qui blessent la pudeur, et dont cependant les gens de l'art ne pouvaient tirer que des conjectures trompeuses et souvent démenties par les faits (1).

CHAPITRE II.

Aux termes de l'art. 180, la nullité résultant, soit du défaut de liberté, soit de l'erreur, ne peut être proposée que par l'époux induit en erreur, par l'époux violenté, ou par les deux conjoints si leur consentement à tous deux n'a pas été donné en pleine liberté.

Ainsi, le mariage ne peut être attaqué, ni par les ascendants ni même par le conjoint de l'époux vio-

(1) On trouve cependant dans le sens opposé deux arrêts de la cour de Trèves des 27 janvier et 1er juillet 1808. Aucun autre jugement ou arrêt, n'a à notre connaissance et depuis cette époque, admis une partie à faire la preuve de l'impuissance de son conjoint. Il nous faut avouer cependant qu'un certain nombre d'auteurs distingue entre l'impuissance naturelle et l'impuissance accidentelle. C'était au surplus la théorie du droit romain et celle de notre ancien droit.

Notons en passant que tout ce que nous avons dit ne s'applique qu'à l'impuissance antérieure au mariage. L'impuissance survenue depuis la célébration, de l'avis unanime des auteurs, ne peut entraîner la dissolution de l'union contractée.

lenté ou induit en erreur, si, pour son compte, il a consenti librement, en pleine connaissance de cause. Exclusivement attachée à la personne de l'époux, l'action en nullité des art. 180 et 181 ne peut non plus être intentée par ses créanciers. Quant aux héritiers, la solution est plus difficile à donner. Le conjoint est-il décédé dans le délai utile, peut on refuser aux héritiers le droit de proposer la nullité ? Ne succèdent ils pas en principe à tous les droits, à toutes les actions de leur auteur? Le conjoint est peut-être décédé avant que la contrainte ait cessé, avant que l'erreur ait été découverte; peut-être même a-t-il succombé aux suites des mauvais traitements, des violences exercées contre lui ; pourquoi donc refuser l'action en nullité aux héritiers ; est-ce parce que c'est une action purement personnelle? Mais ils succèdent à l'action en désaveu. Malgré ces considérations, qui du reste ont leur importance, le texte absolu de l'art. 180 nous fait adopter la négative. C'est à l'époux surtout qu'il appartient de faire annuler un mariage qui lui préjudicie : lui seul peut apprécier l'opportunité, la convenance de l'action à intenter ; ce qui constitue le caractère propre à la violence, à l'erreur, c'est de ne pouvoir être connue et attestée avec quelque certitude que par celui qui prétend en avoir été l'objet (1). L'intérêt purement pécuniaire des héritiers ne peut suffire pour faire admettre un sys-

(1) Discours du tribun Bouteville au corps législatif, séance du 26 ventose an XI.

tème d'où découleraient nécessairement des procès déplorables que la loi a toujours voulu éviter.

Mais si le procès a été commencé par le conjoint, les héritiers pourront-ils le continuer, s'il vient à mourir au cours de l'instance ? Sans invoquer absolument la fameuse règle *actiones quæ tempore et morte pereunt, semel inclusæ judicio salvæ permanent,* règle qui n'est plus aussi vraie dans notre droit que dans le droit romain, on peut trouver dans notre Code des hypothèses analogues où l'action refusée aux héritiers, si elle n'est préalablement acceptée par la partie lésée, leur passe toujours si leur auteur l'a intentée et est décédé au cours de l'instance : l'action en révocation de donation pour cause d'ingratitude, par exemple. Ce n'est point cependant là ce qui nous décide à accorder aux héritiers le droit de suivre l'instance : ce qui nous décide, c'est que les considérations par nous invoquées au cas où il s'agit pour les héritiers d'intenter d'eux-mêmes l'action, n'existent plus au cas qui nous occupe. Nous leur avons refusé le droit d'agir parce que, avons-nous dit, le conjoint peut seul être juge de la pertinence de l'action ; parce que, seul, il peut apprécier en connaissance de cause si son consentement n'a pas été libre, s'il a été réellement le résultat de l'erreur dans laquelle il était plongé. L'époux, en intentant l'action, a nettement déclaré qu'il y avait vice du consentement, qu'il n'avait pas renoncé au droit de faire valoir l'action en nullité que la loi lui accordait.

Dès lors sur quoi se fonder pour refuser aux héritiers le droit de continuer l'action commencée?

La première rédaction du Code n'accordait qu'à l'époux majeur le droit d'attaquer le mariage. Cette disposition a disparu : l'époux mineur est donc comme l'époux majeur admis à faire valoir la nullité de l'art. 180. Emancipé par le mariage, il devra intenter son action avec l'assistance du curateur que lui devra nommer son conseil de famille, sans qu'il y ait à distinguer si les parents ou les ascendants qui ont consenti au mariage sont ou non encore existants.

La nullité résultant des vices du consentement des époux ou de l'un d'eux est couverte par une cohabitation continuée pendant six mois. C'est aux tribunaux qu'il appartiendra de décider en fait si quelques jours de séparation, si les interruptions qui ont pu se présenter sont ou non d'importance suffisante pour laisser douter de la ratification. Tout ce que la loi a voulu dire par les expressions « continuée pendant six mois , » c'est qu'elle n'attachait pas à une cohabitation quelconque de durée indéterminée le caractère de ratification que l'ancien droit permettait d'en déduire. Le délai de six mois ne commence à courir que du jour où l'erreur a été reconnue, du moment où l'époux a acquis sa pleine liberté : c'est du reste au demandeur à la nullité, s'il s'est écoulé plus de six mois depuis la célébration, qu'il appartient d'établir l'existence de la violence ou de l'erreur postérieurement à cette célébration. A la différence de ce qui se passait autrefois, les juges ne pourraient faire résulter une ratification tacite de toute autre circonstance que la cohabitation, ni, à l'inverse, décider qu'il n'y a pas eu ratification, alors même que cette cohabitation aurait réellement existé.

Quant à la ratification expresse, il n'en est pas question dans l'art. 181. Faut-il en déduire que le législateur a entendu la repousser? Nous ne le croyons pas. L'ancien droit l'admettait formellement, et nous ne voyons pas aujourd'hui de bonnes raisons pour ne pas décider de même. La loi déduit, d'une cohabitation de six mois' que les époux ont véritablement consenti; elle fait sortir de ce délai passé sans réclamations une fin de non-recevoir; pourquoi refuser au conjoint le droit de faire ouvertement ce qu'il pourrait faire tacitement? La loi, quelques articles plus bas, ne déclare-t-elle pas non-recevable l'action des parents qui ont ratifié expressément ou tacitement le mariage contracté sans leur consentement?

L'époux mineur comme l'époux majeur a qualité pour ratifier son mariage soit expressément, soit tacitement : la loi, en effet, dans l'art. 181, ne distingue pas entre les deux hypothèses. Accordant au mineur le droit de consentir au mariage, elle ne pouvait l'empêcher de valider plus tard un consentement imparfait. La ratification devra être faite en la forme déterminée par l'art. 1338. C'est en effet le seul article qui puisse nous fournir des règles précises à cet égard, et bien que cette solution soit contestée, nous croyons que c'est là seulement que les juges doivent recourir pour apprécier la valeur ou la nullité de l'acte ratificatif.

En matière de contrats ordinaires, les vices du consentement des contractants peuvent être couverts par la ratification expresse, par la ratification tacite, par la prescription. Nous avons vu que, selon nous, les deux ratifications devaient être étendues à la matière qui nous occupe ; nous ne déciderons pas de même quant à la prescription.

Aux termes des articles 388 et 2226 du Code Nap., les actions d'état ne peuvent se prescrire. L'action en nullité de mariage est une action d'état(1). Comment d'ailleurs étendre à la matière qui nous occupe les prescriptions des art. 1304 et 2262 ? Sur quoi se base en principe la prescription ? Sur l'abandon présumé que fait une partie du droit que le loi lui a conféré. C'est donc en quelque sorte un corollaire de la ratification tacite. Or, nous l'avons vu, en matière de mariage la loi n'admet d'autre ratification tacite que celle qui résulte de six mois de cohabitation continue, depuis le jour où la vio-

(1) Cela résulte bien clairement d'un arrêt de la cour de cassation du 12 novembre 1839, qui a décidé que toute demande principale en nullité de mariage devait être jugée en audience solennelle. Or on sait qu'aux termes du décret du 30 mars 1808, art. 22, les seules causes qui puissent être jugées en audiences solennelles, sauf les prises à partie et les renvois de cassation sont les questions d'état.

lence a cessé, où l'erreur a été découverte. Comment soutenir d'ailleurs que l'époux a renoncé à son action en nullité quand il a abandonné le domicile conjugal, quand il s'est refusé à toute cohabitation? Cette protestation, loin de s'affaiblir parce qu'elle dure depuis des années, trouve au contraire dans sa prolongation plus de vivacité et d'énergie. Et ensuite, une fois admise la prescription en principe, quelle prescription devrons-nous adopter : prescription de 10 ans, prescription de 30 ans? Mais lorsqu'il s'agit de nullité basée sur la violence, sur l'erreur, n'est-il pas évident que cette dernière rendrait impossible la preuve des faits allégués? La prescription de 10 ans? mais elle ne s'applique qu'au cas où la matière n'est pas régie par des lois spéciales, et ce n'est pas ici le cas. Aussi croyons-nous que la prescription ne doit pas être admise dans l'hypothèse qui nous occupe.

2° Du consentement des parents.

CHAPITRE PREMIER.

La deuxième nullité relative est celle qui résulte du défaut de consentement de ceux qui, aux termes de la loi, devaient consentir au mariage.

§ Ier. Le mariage, nous l'avons déjà dit plus haut, ne crée pas seulement des rapports de conjoint à conjoint, des obligations d'époux à époux, il ouvre à un étranger l'entrée d'une famille nouvelle, dont il engage jusqu'à un certain point l'honneur et la fortune; l'honneur, car la famille devient en quelque sorte solidaire de la bonne ou de la mauvaise renommée de celui qu'elle reçoit au nombre de ses membres; la fortune, car la loi crée entre les membres de la même famille, des obligations réciproques, que des circonstances malheureuses peuvent resserrer et alourdir.

Il importait donc que les parents pussent mettre obstacle à des unions déplorables, résultat de la séduction ou de la passion.

« Les forces du corps, a dit Portalis, se développent plus rapidement que celles de l'âme; on existe long-temps sans vivre, et quand on commence à vivre, on ne peut encore se conduire et se gouverner. En conséquence, nous requérons le consentement des pères et des mères pour le mariage des fils qui n'ont point atteint l'âge de 25 ans, et pour celui des filles qui n'ont point atteint la 21e année. »

Aux termes de la loi, les hommes avant 25 ans, les femmes avant 21 ans, ne se peuvent marier sans le consentement de leur père, ou de leur mère si le père est absent, ou dans l'impossibilité de manifester sa volonté. Mais, dans tous les cas, la mère doit être consultée; car la loi dit formellement que le consentement du père suffit en cas de dissentiment. Il ne peut y avoir dissentiment s'il n'y a pas deux opinions émises. On comprend facilement le motif de cette obligation imposée au futur conjoint. Le consentement de la mère demandé, sinon obtenu, est une garantie de plus que la loi eût mal fait de négliger. Du reste, bien que la mère n'ait pas été consultée, si le père a consenti, elle n'a pas le droit de former opposition au mariage, droit que la loi ne lui accorde qu'à défaut du père. Quel aurait été, en effet, le but, le résultat de cette opposition, puisqu'il faudrait toujours, après avoir constaté ce dissentiment, passer outre à la célébration du mariage ? Ce serait un scandale inutile. Le droit de la mère est d'ailleurs sauvegardé par l'obligation imposée à l'officier de l'état civil, de s'assurer, avant de procéder à la célébration, que la mère a été réellement appelée à donner son avis.

L'article 73 exige que le consentement du père, de la mère, des ascendants ou du conseil de famille, soit prouvé par acte authentique; il semble naturel d'étendre cette règle à la preuve du *dissentiment de la mère*. Mais aucune autre forme que l'authenticité n'est réclamée par la loi; il n'est donc pas indispensable de recourir à un acte respectueux.

Dans le cas de prédécès du père ou de la mère, le consentement du survivant suffit.

En principe, le décès doit être prouvé par la production de l'acte de l'état civil dressé conformément aux dispositions des art. 77 à 87. Cependant, aux termes d'un avis du Conseil d'Etat, du 4 thermidor an XIII, il peut être suppléé à la production de cet acte, par la déclaration des aïeuls et aïeules, attestant le décès du père et de la mère des futurs conjoints.

Il nous semble que par analogie de motifs on doit appliquer la même règle au cas où la femme survivante affirme le décès de son conjoint. Il est vrai que l'on objecte que les époux peuvent vivre séparés l'un de l'autre à l'état d'hostilité, que dès lors l'affirmation de l'un d'eux ne peut présenter les mêmes garanties de véracité que l'affimation des aïeuls et aïeules qui ne peuvent avoir les mêmes motifs de déguiser la vérité. Il peut y avoir du vrai dans cette opinion; nous croyons cependant qu'elle ne doit pas être adoptée, à cause des conséquences graves, des difficultés qu'elle entraîne. Si l'on n'admettait pas comme suffisante l'affirmation du conjoint, il arriverait que dans bien des cas on rendrait le mariage impossible. Quel moyen employer, en effet, pour arriver à la constatation du décès? faudra-t-il recourir à l'acte de notoriété de l'art. 155? Mais sérieusement, cet acte de notoriété, dit l'art. 155, peut-il être plus probant que l'affirmation du conjoint survivant? Nous ne le croyons pas, et il nous semble que le moyen le plus naturel de trancher la difficulté, est d'appliquer l'avis du Conseil d'État de thermidor an XIII; c'est là, croyons-nous, la véritable marche à suivre, bien que nous soyons obligé d'avouer que cette solution est très contestée.

Si l'impossibilité où se trouve l'un des conjoints d'exprimer sa volonté résulte de toute autre cause que de son décès, on devra représenter l'acte qui

constate cette impossibilité, par exemple, le jugement d'interdiction, ou le certificat constatant
l'admission de l'ascendant dans une maison d'a-
liénés.

Mais il peut se faire que la personne qui doit
consentir se trouve en fait hors d'état de donner un
consentement valable. Aux yeux de la loi, il n'est
d'autre incapacité que celle que constate un acte
authentique : un jugement d'interdiction, ou au
moins, selon nous, le certificat constatant l'admission du sujet dans une maison d'aliénés. Or, nul ascendant n'a le droit de s'arroger le droit de consentir
au mépris du droit de celui qui le précède; il faudra
donc indispensablement faire prononcer l'interdiction de l'ascendant qui est *en fait* incapable de
donner son consentement, pour que le droit de
consentir puisse légalement passer au degré subséquent.

Dans le cas d'absence de la personne qui doit
être consultée, l'ancien droit décidait que *l'impossibilité* ne résultait que d'une absence de longue
durée, et n'existait légalement que quand il y avait eu
information.

Aujourd'hui, en matière d'actes respectueux, le
Code permet de passer outre au mariage, « même
avant la déclaration judiciaire de l'absence de l'ascendant qui devait être consulté, » à la charge par
le futur conjoint de représenter un acte de notoriété
délivré par le juge de paix du lieu où l'ascendant
a eu son dernier domicile connu ; cet acte doit con-

tenir également la déclaration de « quatre témoins appelés d'office par le juge de paix. »

Nous ne croyons pas qu'il existe de bonnes raisons pour refuser d'étendre cet article au cas qui nous occupe. L'impossibilité où se trouvent le père, la mère de l'ascendant de manifester sa volonté, sera donc suffisamment prouvée, soit par la production du jugement de déclaration d'absence, ou du jugement qui ordonne l'enquête préalable, soit enfin par la production d'un acte de notoriété.

Dans le cas où le dernier domicile de l'ascendant serait inconnu, on serait obligé de recourir à la marche tracée par l'avis du Conseil d'État du 4 thermidor an XIII. C'est-à-dire que force serait de s'en rapporter à l'affirmation des ascendants, ou si le futur conjoint était majeur (il s'agit ici de la majorité ordinaire), à la déclaration par lui faite que le lieu du décès ou du dernier domicile de ses ascendants lui est inconnu, déclaration qui doit être corroborée par le serment de quatre témoins du mariage, qui affirment également leur ignorance à cet égard.

La mort civile forme très certainement un autre cas d'impossibilité ; quant à l'interdiction légale, la question est controversée. A notre point de vue, l'individu qui est frappé d'interdiction légale ne peut pas donner un consentement valable ; la loi lui retire le droit d'autoriser sa femme à contracter, et il semble bien résulter de l'esprit général de notre droit, que le législateur a voulu, pendant toute la durée de la peine, dépouiller l'individu frappé d'une condamnation à une peine afflictive et infamante, de l'exercice de cette sorte de magistrature de famille, que confère la qualité d'époux et de père.

A l'inverse, le futur conjoint devra obtenir le consentement de son ascendant banni, car le bannissement n'entraîne ni mort civile, ni interdiction. Tout ce que nous venons de dire s'applique indistinctement à tous les ascendants, père ou mère, aïeuls ou aïeules.

Aux termes de la loi, au cas de prédécès ou d'incapacité du père ou de la mère, le consentement du survivant suffit.

Il n'y a pas lieu de distinguer si le survivant est ou non investi de la tutelle de l'enfant, s'il est ou non remarié; la loi a, en effet, soigneusement déterminé les incapacités dont elle frappe le conjoint remarié : si elle l'eût voulu priver du droit de consentir au mariage de son enfant, elle s'en fût très certainement expliquée. Cette opinion, du reste, se trouve corroborée par les travaux préparatoires du Code qui s'opposent à l'admission de toute autre théorie. Un conseiller d'Etat (M. Defermon) avait proposé d'ajouter à notre article 149 la phrase suivante : « Quand même il (le père ou la mère) aurait contracté un second mariage. » Cette addition fut rejetée, parce que, comme le fit remarquer M. Réal, elle ne faisait que répéter inutilement une disposition que la règle générale énonçait formellement.

§ II. A défaut du père et de la mère, les aïeuls et les aïeules les remplacent, sans qu'il y ait à distinguer entre les ascendants de la ligne paternelle et ceux de la ligne maternelle. En effet, aux termes de l'art. 250, les aïeuls et aïeules remplacent les père et mère. Les aïeules doivent donc être consultées comme la mère le serait; mais dans le cas de dissentiment, le consentement de l'aïeul suffit.

Le dissentiment entre les deux lignes emporte consentement.

D'où il résulte que l'assentiment d'une aïeule seule dans sa ligne suffit pour rendre le mariage possible.

Il est bien entendu, du reste, que la loi, en employant le mot aïeuls, aïeules, a entendu se référer aussi bien aux ascendants du troisième degré qu'à ceux du deuxième, aux bisaïeuls qu'aux aïeuls. Dans le langage du Code, le mot aïeul est le plus souvent employé pour exprimer ascendants. C'est ce qui résulte des art. 173 et 174 C. Nap.

Si donc dans une ligne il y a un bisaïeul, dans l'autre un aïeul, le consentement du bisaïeul devra être demandé comme celui de l'aïeul, et son assentiment suffira pour rendre le mariage possible, encore bien que des aïeuls dans l'autre ligne soient d'avis contraire. Si dans une même ligne il y a à la fois des ascendants paternels et maternels, on devra procéder, à l'égard de cette ligne subdivisée, comme à l'égard des lignes principales.

Le cas, du reste, se présentera rarement.

§ III. S'il n'est plus d'ascendants vivants ou en état de donner un consentement valable, et que le futur conjoint soit mineur de vingt-un ans, le droit de consentir au mariage appartient au conseil de famille. Le père, la mère, les ascendants, qui refusent leur consentement, ne sont pas obligés de donner les motifs qui les ont décidés. Le conseil de famille est-il dans le même cas, jouit-il du même privilége? L'ancien droit permettait de soumettre sa décision aux tribunaux ; le Code civil est muet à cet égard ; mais l'art. 883 du Code de procédure pose en principe que : « Toutes les fois que les délibérations du conseil de famille ne seront pas unanimes... les tuteur, subrogé tuteur ou curateur, les membres mêmes de l'assemblée pourront se pourvoir contre la délibération. » Ce texte nous paraît trop absolu pour qu'il soit permis de conclure à l'omnipotence du conseil.

Il peut y avoir certainement quelque inconvénient à exiger que le conseil vienne publiquement déduire devant un tribunal les motifs qui l'ont empêché de consentir. Et cette nécessité pourra devenir la source de quelque embarras, de quelques difficultés : mais ces considérations ne nous paraissent pas concluantes. N'arrive-t-il pas journellement au cours d'une instance en main-levée d'opposition, que les opposants sont obligés de venir déduire, en plein tribunal, les motifs qui les ont déterminés à former opposition ? N'y a-t-il pas souvent dans ces débats, que la loi permet, autant de scandales, d'inconvénients graves, que dans l'exposé par le conseil des raisons qui lui ont fait donner ou refuser son consentement au mariage du mineur sur lequel il est chargé de veiller ? « Conseil de famille, a dit M. Demolombe, conseil d'amis, sont bien souvent synonymes de conseils d'indifférents. » N'y a-t-il pas à craindre qu'une indolence coupable n'entraîne le conseil de famille à consentir trop légèrement ; ne peut on pas craindre aussi, d'un autre côté, que la cupidité de certains membres du conseil, de quelques collatéraux, par exemple, ne les amène à refuser leur consentement à une union avantageuse ? La règle écrite dans l'art. 883 C. de proc. est trop sage, trop rationnelle, pour être abandonnée.

La plus grande partie des règles que nous venons de poser s'appliquent aux enfants naturels reconnus, avec cette différence cependant que, comme ils n'ont aucun lien de parenté civile avec la famille du père ou de la mère qui les a reconnus, ils n'ont pas à obtenir le consentement des ascendants survivants de ceux-ci : l'enfant naturel reconnu, mineur de vingt et un ans, dont le père et la mère sont morts ou dans l'impossibilité de manifester leur volonté, doit obtenir le consentement d'un tuteur *ad hoc* nommé par un conseil composé de personnes connues pour avoir eu des relations d'amitié avec le père ou la mère du mineur.

L'enfant naturel non reconnu, mineur de vingt-un ans, devra être également pourvu d'un tuteur *ad hoc* qui seul aura qualité pour consentir au mariage.

En principe, le consentement doit être donné au moment de la célébration du mariage, d'où il résulte que le consentement donné d'avance peut toujours être révoqué, et qu'il devient inutile si la personne qui l'a donné perd avant la célébration le droit de consentir,

§ IV. Le consentement doit être, dans le cas où les ascendants n'assistent pas à la célébration, donné par acte notarié, que les parties remettent à l'officier de l'état civil. Cet acte doit désigner individuellement, non seulement l'enfant qu'il concerne, mais encore la personne qu'il doit épouser (1). Aucun texte législatif n'exige expressément cette désignation; mais il est facile de déduire de l'esprit général de la loi que le consentement par écrit « doit remplir les mêmes conditions que le consentement donné verbalement lors de la célébration, » que toute permission donnée par l'ascendant, qui ne remplirait pas ces conditions, un consentement en blanc, par exemple, serait radicalement nul, sans valeur et sans effet.

CHAPITRE II.

§ I". Le mariage contracté sans le consentement des père et mère, des ascendants ou du conseil de

(1) C'était déjà la théorie du droit romain, le mandat général *quærendi mariti*, n'était pas assimilé à consentement.

famille, peut être annulé à la requête des personnes auxquelles la loi donne le droit de proposer cette nullité. Mais cette nullité ne peut être invoquée que dans le cas où ce consentement était nécessaire; l'omission des actes respectueux, dans les hypothèses où la loi les prescrit, est sans influence sur la validité de l'union contractée, et du commun accord, ne suffit pas pour la faire annuler.

Sanction des dispositions contenues aux articles 148 à 151, cette seconde nullité relative ne peut être proposée que par ceux dont le consentement était requis, et par l'époux qui avait besoin de ce consentement.

1° Par ceux dont le consentement était requis :

Le père peut donc, dans tous les cas, attaquer le mariage contracté contrairement à sa volonté (alors, du moins, qu'il était capable de consentir valablement au moment de la célébration). Le droit de la mère ne peut pas être aussi facilement déterminé. Si le père a consenti au mariage, la mère non consentante n'a certainement pas l'action en nullité; mais, si ni l'un ni l'autre n'ont consenti, pourra-t-elle intenter elle-même l'action en nullité ? Du vivant du père elle ne peut pas agir. Le silence du père doit être, en effet, interprété comme une ratification tacite, et dès-lors l'action de la femme n'est pas recevable; car en cas de dissentiment, aux termes de la loi, le consentement du père suffit. Mais si le père décède, est interdit, mis dans une maison d'aliénés, se trouve en un mot, dans l'impossibilité légale de proposer la nullité avant l'échéance de l'année dont il est parlé en l'article 183, la mère peut alors agir, car elle n'a pas consenti au mariage alors que son consentement était requis et l'interdiction, l'incapacité du père ne permettent plus de déduire de son silence une ratification tacite; rien ne fait plus obstacle à l'action de la mère, que l'approbation expresse ou tacite du père pouvait seule faire repousser.

Si le père se trouvait au moment du mariage incapable de manifester sa volonté, la mère, l'aïeul, qui ont consenti au mariage, ont seuls qualité pour proposer la nullité, alors même qu'avant que l'instance ait été introduite, et dans délai utile, le père soit redevenu capable. Cette solution dérive naturellement du texte absolu de l'article 183. « Le ma- « riage ne peut être attaqué que par ceux dont le « consentement était nécessaire. » Or, au moment du mariage, c'était la mère, c'était l'aïeul, qui seuls devaient consentir (art. 149 et 150); à eux seuls, par conséquent, doit appartenir l'action en nullité. Sur quoi, d'ailleurs, se fonder pour accorder au père le droit d'agir aux lieu et place de la mère, de l'ascendant, même du conseil de famille? Sur un prétendu mandat donné par le père, sur cette idée que même, au moment du mariage, le consentement était requis, et que la mère, les ascendants n'ont agi que par délégation. Mais si l'on adoptait cette théorie, s'il était vrai que, même dans le cas de l'art. 149, le consentement du père fût véritable-

ment requis, il faudrait alors admettre, comme le
fait remarquer M. Dalloz, que le mariage du fils
d'un interdit, contracté avec le seul consentement
de la mère, ne serait pas valablement contracté, car
ce consentement n'a de valeur qu'au cas où celui
du père n'est pas requis. L'article 149 ne met-il
pas, d'ailleurs, sur la même ligne, le cas de mort
de l'un des conjoints, et celui où il lui est impossible de donner son consentement ? Or, il est bien
évident que dans le cas de prédécès du père, la
mère ne tire pas son droit d'une délégation, d'un
mandat à elle confié par le père : pourquoi distinguer entre deux hypothèses que la loi règle dans
et par le même article ?

Si le père ne peut pas proposer la nullité, a-t-il
au moins le droit de ratifier le mariage ?

Ratifier, en principe, c'est donner après coup
un consentement que l'on aurait dû donner avant.
Le père qui ne pouvait donner son consentement
au mariage, lors de la célébration, ne peut pas renoncer à une action qu'il n'a pas. Il est vrai que le
conjoint qui s'est marié sans le consentement de
qui de droit, dépend maintenant de son père quant
au mariage ; qu'avec le consentement de son père,
il pourra quelques jours après l'annulation du
mariage attaqué, contracter une nouvelle union avec
son premier conjoint ; mais cette considération, si
elle peut, en pratique, rendre les juges saisis plus
favorables au mariage attaqué, ne nous semble
pas suffisante, en théorie, pour autoriser une

dérogation aux règles ordinaires de la ratification.

.Quant au consentement des aïeuls et aïeules, il faut raisonner de même ; l'aïeule ne peut intenter l'action en nullité du vivant de l'aïeul, ou tant que celui-ci est capable d'agir et reste inactif ; ni une ligne attaquer le mariage si l'autre ligne a consenti ou ratifié.

La ratification d'une ligne survenant au cours de l'instance suffirait pour faire tomber l'action en nullité, bien que l'on soutienne que le juge doive pour statuer toujours se reporter au jour de la demande ; cette règle, qui d'ailleurs est loin d'être absolue dans notre droit, est inapplicable au cas qui nous occupe. Outre la gravité des conséquences qu'entraîne après lui un jugement d'annulation, et qui à elles seules suffiraient pour que des juges hésitassent à annuler un mariage qui, avant le prononcé du jugement, se trouve remplir toutes les conditions exigées par la loi pour sa validité, il est de principe que la règle qu'on nous oppose ne peut s'appliquer absolument aux demandes à l'égard desquelles l'acquiescement ne serait pas possible, et « dont la décision procède, non d'un accord fictif et présumé des parties, mais de l'autorité seule des magistrats. » Il ne faut pas se dissimuler que la règle qui veut que les juges, pour statuer, se reportent au jour de la demande, est un legs du droit romain, une conséquence de l'ancienne théorie de la *litis contestatio*. Mais même dans le dernier état du droit romain, le principe avait fléchi : on en était venu à admettre que le juge devait, pour rendre sa décision, mettre en ligne de compte tous les faits survenus au cours de l'instance, débouter le demandeur si, par exemple, avant la sentence, le défendeur avait payé. Il est vrai que l'on nous oppose ce qui se passe en matière de prescription, où le temps requis pour prescrire venant à s'écouler au cours de l'instance reste sans effet ; sans conteste, le juge doit, pour statuer, se reporter toujours au moment où la demande a été formée. Mais sur quoi se base donc la prescription ? Sur la présomption que le droit du demandeur n'existe pas ou qu'il y a renoncé ; la loi suppose en effet que si ce droit eût existé, il n'eût pas manqué de le faire valoir plus tôt.

Si donc, avant l'expiration du délai fixé par la loi pour la prescription, l'instance est formée, la présomption cesse ou plutôt n'a jamais existé. Le temps écoulé est sans importance, sans effet ; la prescription ne peut donc courir pendant le procès. Et comme il s'agit simplement de constater le silence, l'inaction de l'une des parties pendant un temps déterminé, il est évident que, pour statuer, le juge doit nécessairement se reporter au jour de la demande pour calculer le temps écoulé entre le jour où le droit est né et celui où l'une des parties vient l'affirmer ou le dénier.

Les mêmes motifs ne peuvent pas être invoqués dans l'espèce qui nous occupe : aussi croyons-nous que la ratification d'une ligne, intervenant même au cours de l'instance, suffit pour rendre non-rece-vable l'action en nullité de l'autre ligne.

Mais cette ratification doit être expresse, et le silence d'une ligne ne suffirait pas pour valider le mariage.

Le droit accordé à l'ascendant est tout personnel, intransmissible aux héritiers, même dans le cas particulier où l'ascendant serait mort après avoir intenté l'action. La nullité n'est en effet que le résultat de la violation de l'autorité paternelle. Il ne peut appartenir de la faire valoir qu'à celui qui est revêtu de cette autorité. Si elle ne peut passer aux héritiers, passe-t-elle au moins, après le décès de l'ascendant dont le consentement était requis, à l'as-cendant de l'ordre suivant? Telle est la question qui a été souvent posée et dont la solution a donné lieu à de vives controverses. La puissance pater-nelle, a-t-on dit, a passé de la tête de l'ascendant décédé sur la tête de celui qui le suit immédiate-ment. Elle ne cesse jamais d'exister; elle est per-manente, toujours vivace, quel qu'en soit le dépo-sitaire; le deuxième ascendant peut donc agir. Le texte de l'art. 182 nous semble s'opposer à cette doctrine : il n'accorde l'action en nullité qu'à ceux dont le consentement était acquis au moment du mariage. Or, dans l'espèce, le seul consentement exigé était celui du décédé, ou, pour employer une expression plus juste, de l'ascendant qui, soit par décès, soit par tout autre motif légalement cons-taté, se trouvait hors d'état, dans l'impossibilité d'agir. Son droit ne doit donc pas passer à un ascendant dont le consentement n'était pas nécessaire, et qui, après tout, n'a pas à venger l'injure faite à son autorité violée.

On sait que le mineur en tutelle, privé de tous ascendants, doit obtenir le consentement de son conseil de famille.

Aucun des collatéraux n'a le droit individuellement de provoquer la nullité. Le conseil de famille en est seul investi ; le tuteur même ne peut agir que comme délégué de la famille, comme exécuteur de la délibération.

Quant à l'enfant naturel, dans les cas où il doit recourir au consentement du tuteur *ad hoc*, le défaut de consentement de ce tuteur *ad hoc* est sans influence sur la validité du mariage et ne donne pas ouverture à une action en nullité. En effet, de deux choses l'une : ou à l'époque du mariage il a été nommé un tuteur *ad hoc*, ou il n'en a pas été nommé. S'il n'en a pas été nommé, il n'y avait alors personne dont véritablement le consentement fût requis au jour du mariage.

Dans la deuxième hypothèse, s'il y a eu un tuteur *ad hoc* nommé, et pas de consentement obtenu par l'enfant, il n'y a pas encore d'action en nullité possible, car le tuteur *ad hoc* est nommé pour une affaire spéciale : « Sa mission spéciale finit avec l'objet déterminé dont il est chargé. » Il est nommé à l'effet de consentir au mariage, c'est là la seule mission dont il soit chargé, et ne peut par conséquent atta-

attaquer le mariage ; aucun pouvoir ne lui appartient à ce sujet. Mais l'enfant naturel mineur peut faire valoir la nullité résultant du défaut de consentement du tuteur *ad hoc*. Le consentement de celui-ci est en effet requis par la loi. De la situation singulière qui lui est faite, des attributions spéciales que la loi lui confie et lui attribue, résulte pour le tuteur *ad hoc* une impossibilité véritable de proposer la nullité : c'est moins le droit qui lui est dénié que le moyen de le faire valoir. La situation de l'enfant n'est pas la même, et il doit pouvoir, aux termes de l'art. 182, demander la nullité d'un mariage par lui contracté sans l'assentiment d'une personne dont la loi réclamait le consentement. Ne donne-t-on pas d'ailleurs au conjoint le droit d'attaquer l'union qu'il a contractée sans le consentement du conseil de famille ? Pourquoi décider le contraire quand il s'agit d'un tuteur *ad hoc* qui n'en est en définitive que le représentant et le délégué (1) ?

Tels sont, en principe, les cas où l'action en nullité résultant du défaut de consentement des parents ou de la famille, peut être proposée. Nous avons vu également à quelles personnes la loi accordait le droit d'intenter l'action. Il nous reste à rechercher maintenant quelles fins de non-recevoir peuvent être opposées à l'époux lui-même, aux ascendants, à la famille.

(1) Voir toutefois ce que nous avons dit de la ratification des époux, page 187.

§ II. L'action en nullité des ascendants doit être repoussée : 1° quand ils ont ratifié le mariage, soit expressément, soit tacitement.

La ratification expresse n'est soumise à aucune forme spéciale (1). Quant à la ratification tacite, c'est aux juges saisis qu'il appartient de décider dans chaque affaire si elle existe réellement, d'apprécier la conduite de l'ascendant, ses procédés à l'égard des conjoints ; de chercher en un mot dans toutes les circonstances de la cause des motifs suffisants pour baser sa décision (ainsi un arrêt de 1672, au dire de Pothier, a rejeté et justement, selon nous, l'action en nullité intentée par un père contre le mariage de son fils, en se fondant sur ce motif, que le demandeur avait été le parrain d'un enfant né du mariage qu'il attaquait). Il est, du reste, impossible, en pareille matière, de poser des règles fixes : c'est avant tout une question de fait à juger, soumise à la souveraine appréciation des tribunaux.

2° Quand les ascendants ou le conseil de famille ont laissé s'écouler sans réclamation un an à partir du jour où ils ont eu connaissance du mariage, et c'est aux juges qu'il appartient encore de décider en fait à quelle époque a cessé l'ignorance des ascendants ou du conseil.

La ratification expresse du conseil ne peut résulter que d'une délibération en due forme ; mais à défaut de ratification, le droit que la loi lui confère d'in-

(1) Voyez cependant l'art. 1338.

tenter l'action en nullité, cesse à la majorité du conjoint qui devait lui demander son consentement. A ce jour, en effet, le pouvoir tutélaire du conseil prend fin ; les membres qui le composaient se séparent, son rôle cesse : jusque là il a dû surveiller la conduite du mineur à protéger, prendre soin de ses intérêts : son pouvoir de protection cesse avec la majorité, et partant, selon nous, son droit de demander la nullité.

Nous ne donnerions pas la même solution en ce qui touche les ascendants : la majorité du conjoint, survenue avant qu'ils aient intenté l'action, ou avant l'expiration du délai d'un an, ne suffirait pas pour les rendre non-recevables à poursuivre l'annulation du mariage.

Indépendamment du silence de l'art. 183, les raisons qui nous font refuser l'action au conseil de famille, n'existent plus quand il s'agit des ascendants ; la majorité du conjoint ne peut avoir pour résultat de leur enlever la qualité d'ascendants qu'ils tiennent de la nature. Le motif qui nous fait refuser au conseil de famille la faculté d'attaquer le mariage, est d'ailleurs analogue à celui qui nous faisait refuser l'action en nullité au tuteur *ad hoc*. C'est l'impossibilité où se trouve le conseil, aujourd'hui dissous, d'intenter l'action, d'être légalement averti de l'union contractée par le ci-devant pupille.

Supposons, par exemple, qu'un mineur de vingt ans et demi ait contracté mariage sans le consentement de son conseil de famille, qu'il ait atteint sa majorité avant que le conseil ait eu connaissance de l'union irrégulièrement formée.

Après la majorité, plus de réunion régulière du conseil, plus d'actes du tuteur à homologuer, plus d'administration à surveiller, en un mot, plus de conseil régulièrement constitué. Or, l'année après laquelle la loi refuse l'action au conseil comme aux ascendants, ne commence à courir que du jour où ceux-ci ont eu connaissance du mariage contracté. A quelle époque le conseil aura-t-il légalement connaissance du mariage du ci-devant mineur?

Suffira-t-il que quelques-uns des parents qui en pourraient faire partie en aient connaissance? faudra-t-il que plusieurs des membres possibles du conseil en soient avertis? Mais on n'a pas oublié que l'action individuelle des collatéraux n'est pas admise par la loi. Ajoutez à ceci ce qu'il pourrait y avoir de singulier, d'irrationnel même, dans la demande en nullité formée par un conseil de famille contre le mariage d'un ci-devant mineur âgé de cinquante ans : car, de ratification tacite résultant du silence du conseil, il n'en saurait être question, toujours à cause de l'impossibilité matérielle où on se trouve de pouvoir fixer à quelle époque le conseil est légalement réputé connaître le mariage.

Quant au décès de l'enfant, il est sans influence sur l'action en nullité des ascendants. Le mariage a-t-il été connu du vivant du conjoint, l'année courra du jour où les ascendants ont été avertis. Ne vient-il à leur connaissance que plus tard, le délai devra être calculé du jour où le mariage a été par eux connu ; le texte de la loi ne permet pas de doute à cet égard.

Pour le conseil de famille, la question se présente plus difficile : nous tenons que le décès du conjoint, comme sa majorité, retire au conseil l'action en nullité. Pourquoi cette solution? nous répoudons; s'il est vrai que le conjoint décédé n'ait plus de conseil de famille, il est également vrai qu'il n'a plus d'ascendants. — Qu'est-ce que le conseil de famille? C'est un pouvoir purement tutélaire, chargé de veiller auprès du tuteur aux intérêts du pupille, à la saine administration de sa personne et de ses biens. L'action en nullité que la loi lui accorde n'est qu'un moyen de plus qu'elle lui donne de venir au secours du mineur, en faisant mettre à néant un mariage dont les conséquences peuvent être déplorables pour celui sur lequel il est chargé de veiller. Après la mort du conjoint, quel motif le conseil de famille aurait-il à invoquer? La nullité prononcée ne peut plus avoir pour le mineur décédé de résultats favorables. Qui donc sera appelé à profiter de cette annulation? La famille peut-être, les collatéraux. Admettre l'action du conseil de famile, si tant est qu'il en existe un après la mort du pupille, c'est ouvrir la porte à des procès déplorables, inspirés par l'avidité des collatéraux; c'est détourner le conseil de famille de la mission que la loi lui a tracée; c'est pour un minime avantage donner naissance à de graves inconvénients.

Si nous accordons aux ascendants le droit de proposer la nullité, même après la dissolution du mariage, c'est que leur situation et celle du conseil ne sont pas les mêmes. Si la loi accorde à ceux-là le droit de provoquer l'annulation d'un mariage auquel ils n'ont pas consenti, c'est qu'en même temps qu'elle suppose là, si l'on veut, une sorte de séduction du mineur; elle voit avant tout une violation du droit des parents, une atteinte portée à la puissance paternelle : c'est que l'action en nullité n'est à ses yeux que la sanction de l'injure faite à l'autorité légitime du chef de famille, violée par une pareille union ; c'est qu'il y a pour l'ascendant, même après la mort du conjoint, un grand intérêt moral, un grand intérêt d'honneur à faire annuler un mariage honteux ; c'est que cette union, contractée malgré lui, a créé pour lui de nouvelles obligations à l'égard du conjoint de son enfant, des enfants du mariage, que le décès de son enfant, loin d'amoindrir, a, au contraire, alourdies: toutes considérations qu'on ne peut invoquer quand il s'agit du conseil de famille. La situation de l'ascendant à l'égard du conjoint décédé, garantit la discrétion de ses attaques ; il est évident, en effet, qu'un ascendant n'ira pas, sans graves motifs, mêler la mémoire de son fils mort à de honteux débats, alors qu'il est à craindre, au contraire, que des membres du conseil de famille, des collatéraux presque toujours, ne se laissent amener à attaquer ce mariage, sans autre excuse que leur cupidité.

Comme les ascendants, comme le conseil de famille, l'époux peut renoncer à l'action en nullité que la loi lui accorde. Mais le droit de ratifier le mariage ne lui appartient qu'à partir du jour où il pourrait par lui-même consentir au mariage, c'est-à-dire après vingt et un ans pour les filles, dans tous les cas, et pour les hommes vingt et un ans ou vingt-cinq ans, selon qu'il leur reste ou non des ascendants ; car tant qu'il reste un ascendant, l'époux, s'il s'agissait pour lui de contracter un nouveau mariage, serait obligé de requérir son consentement ; il n'a donc point encore véritablement l'âge compétent pour consentir par lui-même au mariage (art. 153).

Ainsi, même après le décès de l'ascendant, dont le consentement était requis au moment de la célébration, l'époux ne peut encore ratifier, s'il survit quelque autre ascendant : lequel non plus ne peut donner une valable ratification, car le consentement réquis était non pas son consentement à lui survivant, mais le consentement du décédé.

Il n'est d'autre moyen de profiter de la bonne volonté actuelle de l'ascendant que de recourir à une nouvelle célébration du mariage : mode de procéder contre lequel on peut élever de graves objections, tirées entre autres choses de l'existence légale du premier mariage, tant qu'un jugement n'en a pas prononcé l'annulation ; objections que peut à peine faire repousser l'autorité de l'ancien droit. Il est, du reste, bien entendu, que cette nouvelle célébration

du mariage ne peut être considérée comme une véritable ratification, et ne saurait avoir d'effet rétroactif au jour de la première célébration. C'est un
second contrat qui s'est formé, et non point un
contrat préexistant que l'on a validé.

L'époux est également non recevable à attaquer
le mariage contracté par lui sans l'assentiment de
ceux dont le consentement était requis par la loi,
s'il a laissé, sans réclamation, s'écouler un an à
compter du jour où il eût pu, par lui-même, consentir au mariage.

C'est là la seule ratification tacite que la loi
sanctionne et reconnaisse. La cohabitation, fût-
elle établie, ne suffirait pas pour effacer le vice
constitutif du mariage, dès-lors qu'elle ne viendrait pas se joindre au silence de l'époux pendant
un an. La loi a déterminé dans quelles hypothèses
elle considérait la cohabitation comme une ratification ; elle est restée muette dans le cas qui nous
occupe ; et il ne saurait être permis, dans une matière aussi sévèrement organisée que les nullités du
mariage, de généraliser des règles, que le législateur, au témoignage de Portalis, a voulu spéciali-
ser au contraire, en donnant séparément, à chaque
nullité, « les règles qui lui sont propres. »

Il résulte également du texte de l'art. 183, que
la ratification des ascendants rend l'époux non recevable à attaquer le mariage, tandis que la ratification de l'époux ne la retire pas aux ascendants.
Le silence des ascendants, tant qu'il ne s'est pas

passé une année sans réclamations de leur part, n'entraîne pas nécessairement approbation, et ne suffit pas, par conséquent, pour rendre non recevable l'action en nullité de l'époux. C'est là une innovation de notre droit d'aujourd'hui. L'ancienne jurisprudence n'admettait pas l'action de l'enfant, tant que le père et la mère gardaient le silence. L'époux n'était admis à faire valoir son action en nullité, que quand le dissentiment des parents s'était ouvertement manifesté.

Telles sont les fins de non-recevoir qui peuvent être opposées tant à l'action des ascendants, du conseil de famille, qu'à celle de l'époux.

Avec l'exposé de ces fins de non-recevoir finissent nos développements sur les nullités relatives organisées par les article 180 à 183.

DEUXIÈME PARTIE.

DES NULLITÉS ABSOLUES.

Les nullités absolues ont toutes pour base, pour fondement, la violation d'un principe dicté par la conscience et la raison ; leur objet direct et principal est le maintien du bon ordre, non plus seulement dans la famille, comme les nullités relatives, mais dans la société tout entière.

Elles résultent des contraventions aux articles 147, 161, 163, 165 et 191 du Code Napoléon.

Nous diviserons nos développements sur ce sujet en trois chapitres ; nous exposerons :

1° Quand et dans quels cas il y a nullité absolue ;

2° Quelles personnes peuvent proposer ces nullités ;

3° Quelles fins de non-recevoir peuvent être opposées à l'action en nullité, basée sur ces contraventions aux articles précités.

CHAPITRE PREMIER.

Il existe quatre causes de nullités absolues ; ce sont : 1° l'impuberté des époux ou de l'un d'eux ; 2° la bigamie ; 3° l'inceste ; 4° le défaut de publicité du mariage et de l'incompétence de l'officier qui l'a célébré.

Nous commencerons par cette dernière :

De tout temps la publicité du mariage a été considérée comme une condition d'importance majeure ; aussi le Code civil a-t-il pris grand soin de déterminer avec détail, quand, où et comment le mariage devait être célébré.

Il nous faut donc exposer brièvement quelles sont les formalités de publicité, de célébration que la loi exige, pour nous demander ensuite : quand et dans quelles circonstances, l'omission de quelqu'une de ces formalités peut entraîner la nullité du mariage qui en est la suite.

Tout mariage doit être précédé de publications ; ces publications doivent être faites : 1° Dans toutes les communes où le mariage pourrait être célébré, c'est-à-dire au domicile réel des parties ; et si le mariage doit avoir lieu au domicile établi en faveur du mariage par six mois de résidence : au lieu de cette résidence et au domicile réel, « les publications seront faites, dit M. Tronchet; au lieu du domicile et au lieu de la résidence. »

2° Dans toutes les communes où sont domiciliées les personnes sous la puissance desquelles les parties ou l'une d'elles se trouvent encore relativement au mariage, lorsque leur domicile est distinct de celui des futurs conjoints : et cette formalité doit être remplie même par le Français qui se trouve, relativement au mariage, sous la puissance de personnes domiciliées en pays étranger. Les publications en ce cas doivent être faites au domicile d'icelles, suivant les formes usitées en chaque pays. L'enfant mineur, tenu d'obtenir le consentement de son conseil de famille, devra faire publier son mariage au lieu où le conseil se réunit d'habitude, où il a son siége, et l'enfant naturel non reconnu, au domicile du tuteur *ad hoc* qui lui doit être donné.

Deux publications doivent être faites un jour de dimanche, à huit jours d'intervalle, devant la porte de la maison commune ; le chef de l'Etat peut, pour causes graves, dispenser de la seconde publication, mais ne peut dans aucun cas dispenser de la première. Ces publications désignent les noms, prénoms, domiciles et profession des futurs conjoints, et de leurs ascendants ; elles indiquent l'heure et le lieu où elles sont faites, et extrait du registre des publications où elles doivent être consignées reste affiché devant la porte de la maison commune pendant les huit jours d'intervalle d'une publication à l'autre.

Le mariage ne peut être célébré que le troisième jour à partir de la dernière publication : celles-ci sont réputées non avenues si le mariage n'est pas célébré dans l'année à compter de l'expiration du délai des publications.

Les publications du mariage des militaires sous les drapeaux hors du territoire français doivent être faites au lieu de leur dernier domicile, et mises à l'ordre du jour de l'armée vingt-cinq jours avant la célébration du mariage.

Après l'expiration du délai des publications, et la remise préalable des pièces, dont la production est exigée par la loi, le mariage doit être célébré par l'officier public du lieu où l'un des époux a son domicile. L'article 165 paraît formel. Mais la loi (art. 74) ajoute : ce domicile, quant au mariage, s'établit par six mois d'habitation dans la même commune. Quelques auteurs ont voulu voir là une règle absolue, et ils ont soutenu que le mariage ne pouvait être célébré que dans la commune où l'une des parties avait son domicile tel qu'il était déterminé par l'art. 74, c'est-à-dire seulement là où elle avait six mois de résidence ; que le mariage ne pouvait par conséquent être célébré au domicile ordinaire des parties, si ce domicile n'était pas accompagné d'une résidence de six mois.

L'art. 174 n'a pas, selon nous, le sens restrictif qu'on veut lui prêter ; s'il était seul, force serait de l'appliquer tel quel, mais la disposition de l'article 74 doit être rapprochée de l'art. 102, au titre du domicile.

Le domicile de tout Français, y est-il dit, quant à l'exercice des droits civils, est au lieu où il a son principal établissement... C'est à cette disposition générale que se réfère l'art. 165, quand il ordonne la célébration publique au domicile de l'une des parties, et force est bien d'admettre cette solution : c'est le seul moyen d'expliquer la disposition de l'article 167.

La loi, dans l'art. 166, prescrit de faire les publications au domicile des époux, c'est-à-dire au domicile réel. « Néanmoins, ajoute l'art. 167, si le domicile actuel n'est établi que par six mois de résidence, les publications seront faites au lieu du dernier domicile. » Le mot néanmoins suppose nécessairement une hypothèse exceptionnelle, indique évidemment que l'obligation de faire les publications au dernier domicile n'existe pas dans tous les cas. Or, si le domicile matrimonial ne pouvait être établi que par six mois de résidence continuée dans le même lieu, si la règle de l'art. 74 était absolue, l'hypothèse présentée par l'art. 167, au lieu d'être, comme le texte l'indique, une exception, serait, au contraire, la règle générale, et l'obligation qu'elle contient existerait dans tous les cas. Il faut donc conclure de l'art. 167, que la loi n'a pas voulu, par l'art. 74, exclure les règles ordinaires du droit en matière de domicile ; qu'elle a seulement voulu, à côté du domicile du droit commun, créer un domicile de faveur, pour faciliter le mariage, et éviter aux parties des déplacements peut-être fort coûteux et fort difficiles.

Objectera-t-on que le futur conjoint sera dans bien des cas totalement inconnu au lieu de son domicile ? Mais il est de principe que tous les actes de l'état civil peuvent être faits au lieu du domicile : la loi présume qu'une personne est toujours connue au lieu de son principal établissement; elle n'a pas au surplus déterminé les conditions de la résidence de six mois, dont il est question dans l'article 74, et, comme le fait remarquer M. Demolombe, les déclarations que chaque personne, lorsqu'elle change de domicile, est obligée de faire aux municipalités du lieu qu'elle quitte et du lieu où elle vient établir son domicile, jointes à l'habitation réelle, quelque courte qu'elle soit, que la loi exige (article 107) : « doivent la faire connaître beaucoup plus vite et beaucoup mieux peut-être qu'une simple résidence en chambre garnie ou à l'auberge, qui suffirait au bout de six mois, pour se marier dans un lieu quelconque. » Telle était, du reste, la solution donnée par l'ancien droit, qui ne défendait pas absolument à deux personnes de se marier dans la paroisse où elles n'avaient pas six mois de résidence lorsqu'elles faisaient publier les bans dans leur ancienne paroisse (1), et par un décret d'ordre du jour du 22 germinal an II, interprétatif de l'article 2 de la loi du 20 septembre 1792 (titre IV, section 2) qui a décidé que la loi de septembre 1792 ne faisait pas obstacle à ce que le mariage fût célébré au lieu du domicile ordinaire, sous la condition seulement de faire des publications au lieu de la dernière résidence. L'adoption du système que nous combattons aurait pour résultat de rendre impossible le mariage de personnes qui n'auraient nulle part six mois de résidence, des marchands forains, par exemple; l'art. 74, ainsi entendu au lieu de faciliter les mariages, créerait de nouveaux obstacles; un tel résultat est trop contraire à l'esprit général du code pour qu'il soit permis de l'admettre.

Nous croyons donc que, dans tous les cas, le mariage peut être célébré, soit au lieu où l'une des parties a une résidence continue de six mois (art. 74), soit au lieu de son domicile ordinaire, sans exiger, soit pour l'établissement, soit pour la conservation de ce domicile, d'autres conditions que celles qui résultent du droit commun (2).

(1) Pothier, 856 mar.

(2) Les règles que nous venons de poser ne s'appliquent qu'aux majeurs ou aux mineurs émancipés : les mineurs non émancipés ne peuvent acquérir par eux-mêmes un véritable domicile, leur mariage doit donc être célébré au lieu où leur père et mère ou tuteur ont leur domicile réel ou un lieu où ils ont une résidence de six mois, conformément à l'art. 74.

Quant au militaire français sous les ... ...
hors du territoire français, il se peut marier ...
blement devant les officiers auxquels la loi ... is
les art. 88 et 89, attribue le caractère d'officiers de l'état civil. Le quartier-maître, aujourd'hui
le major, dans chaque corps d'un ou de plusieurs
bataillons ou escadrons, et le capitaine commandant, dans les autres corps, remplissent les fonctions
d'officiers de l'état civil ; ces fonctions sont rem-
plies, pour les officiers sans troupes et les employés
de l'armée, par l'intendant ou le sous-intendant
militaire attaché à l'armée ou au corps d'armée.

A l'étranger, et, si les deux parties sont françai-
ses, le consul ou l'agent diplomatique français a
qualité pour procéder à la célébration du mariage.
Les parties ont également le droit, si elles le préfè-
rent, de se marier devant l'officier public compétent
dans le pays où elles se trouvent, en suivant les
formes usitées dans ce pays.

Si l'une des parties est étrangère, c'est l'officier
public étranger qui est seul compétent.

Le mariage doit être célébré en présence de quatre témoins parents ou non parents.

Les art. 75 et 76 règlent d'ailleurs les diverses
formalités relatives à la célébration elle-même.

Un acte doit être rédigé immédiatement après
la célébration par l'officier de l'état civil; il doit en
principe être signé par les parties et par les témoins.

1. Telles sont les formalités qui, aux termes de la
loi, doivent précéder, accompagner ou suivre la

14

célébration du mariage. C'est l'ensemble de toutes
ces conditions que le législateur a réuni sous la
seule désignation de publicité, et c'est du défaut
de publicité seulement que la loi a fait une cause de
nullité.

L'omission d'une des formalités requises par la
loi, ne suffit donc pas à elle seule pour faire annuler le mariage. La publicité est un fait complexe,
susceptible de plus ou de moins : sans être complète,
absolue, elle peut exister cependant, et il eût été
regrettable de voir annuler un mariage régulier
d'ailleurs, parce que trois témoins seulement au
lieu de quatre auraient assisté à la célébration,
parce que l'affiche de l'art. 64 aurait été irrégulière,
alors, du reste, qu'il n'en serait pas résulté de clandestinité véritable.

Aussi la loi a-t-elle sagement fait d'abandonner
à la souveraine appréciation des tribunaux, les circonstances de fait qui ont accompagné le mariage,
et de laisser à la conscience des juges, le soin de
décider si les contraventions aux règles posées par
le Code, sont ou non suffisantes, dans chaque
espèce, pour devoir entraîner la nullité de l'union
qui en est le résultat.

Elle a, en punissant l'officier public qui, par sa
négligence, s'est rendu complice de ces contraventions, en condamnant à une amende proportionnée
à leur fortune les parties qui en ont profité, tout en
permettant aux juges de maintenir le mariage, su
consilier le principe du respect dû aux dispositions de

la loi avec les intérêts bien entendus des familles et de la société tout entière.

«Les peines prononcées par l'article précédent, porte l'art. 193, seront encourues par les personnes qui y sont désignées pour toute contravention à l'article 165, lors même que ces contraventions ne seraient pas jugées suffisantes pour faire prononcer la nullité du mariage. »

Les principes que nous venons de poser nous donneront la clé des difficultés qui se sont élevées sur l'interprétation et l'étendue de notre article 191.

Et d'abord on s'est demandé si l'omission d'une publication, ou l'absence même des deux publications, suffirait pour rendre le mariage annulable ?

De l'aveu général, l'omission d'une publication ne peut jamais constituer une contravention assez grave pour entraîner la nullité : il n'est pas possible, du reste, de considérer comme vraiment clandestin un mariage qui a été en réalité, par la seconde publication, porté à la connaissance du public. L'irrégularité des publications n'était, du reste, lors de la rédaction du projet au Conseil d'Etat, considérée comme entraînant la nullité que si à cette irrégularité venait se joindre quelque autre contravention, et rien dans les travaux préparatoires du Code ne peut faire supposer que le législateur ait à ce sujet changé d'avis.

Doit-on décider de même quand il y a défaut

absolu de publications? Des auteurs l'ont soutenu,
Proudhon entre autres; mais cette opinion tend
tous les jours à perdre du crédit.

Outre que la nullité du mariage n'est prononcée
que s'il n'a pas été contracté, célébré publiquement,
et que les publications ne font pas, à proprement
parler, partie de la célébration, la loi se charge elle-
même de lever toute incertitude dans l'art. 192. Cet
article, en effet, frappe d'une amende l'officier de
l'état civil qui a célébré le mariage sans publications
préalables, les parties contractantes ou ceux sous la
puissance desquels elles se trouvent, alors que dans
l'art. 193, visant spécialement l'art. 165, elle
frappe de nullité le mariage contracté sans publicité
ou devant un officier public incompétent. Cette
combinaison des deux articles prouve bien clairement quelle différence à ce point de vue la loi a
faite entre le défaut de publications et le défaut de
publicité. Les travaux préparatoires du Code ne
laissent pas de doute à cet égard. Voici ce que nous
lisons dans Locré : «M. Tronchet rappelle que la
formalité des publications est fondée sur ce principe qu'il vaut mieux prévenir un mariage vicieux
que de l'annuler après qu'il a été contracté...»
Le premier Consul dit que c'est aussi pour que
l'omission des publications ne prépare pas une
nullité, qu'il convient de ne pas les ordonner lorsqu'elles sont impossibles : qu'il faut seulement exiger
les conditions prescrites par le chap. Iᵉʳ. M. Tronchet
dit que la formalité des publications est exigée préci-

sément pour empêcher la contravention aux dispositions de ce chapitre. « Ainsi, au témoignage de l'un des rédacteurs du Code, l'unique but des publications est « d'empêcher les contraventions aux dispositions législatives des art. 164 à 165. » C'est déclarer implicitement que l'on doit maintenir le mariage contracté en conformité avec ces articles, encore bien qu'il n'y ait pas eu de publications, et c'est à cette opinion que nous nous rallions.

Mais la même solution doit-elle être donnée, quand il s'agit de mariages contractés entre ou par des Français en pays étranger? En d'autres termes, l'omission de publications en France entraînerait-elle la nullité du mariage contracté à l'étranger?

Le Français était obligé autrefois d'obtenir le congé du roi pour pouvoir se marier à l'étranger. C'était là un résultat de la situation exceptionnelle faite à l'étranger par la plupart des législations d'alors ; mais cette mesure se basait surtout sur la crainte « que les sujets du roi, se créant au dehors du royaume des liaisons de famille, ne sacrifiassent, au désir de conserver de telles relations, l'intérêt de leur pays natal, et cessassent de demeurer de fidèles sujets de Sa Majesté. » Le Code Napoléon n'a pas renouvelé la prohibition de l'ancien droit. Tout Français peut donc aujourd'hui se marier à l'étranger, à la condition pourtant de se conformer aux prescriptions de la loi française sur l'état et la capacité des personnes. Ce n'est, du reste, qu'aux Français que l'art. 170 impose l'obligation de ne pas contrevenir aux conditions requises par le Code pour contracter mariage. Si donc il était procédé à la célébration de l'union d'un Français avec une étrangère dans un pays où les filles se pourraient, par exemple, marier à douze ans, le sujet français pourrait valablement épouser une femme qui n'aurait que cet âge.

Ce n'est là après tout qu'une application du principe que si les lois concernant l'état et la capacité des personnes régissent les Français, même en pays étrangers, la capacité et l'état des étrangers doivent être également déterminés par la loi de leur pays.

« Le mariage contracté à l'étranger sera valable, dit l'art. 170, pourvu qu'il ait été précédé des publications prescrites par l'art. 63, et que le Français n'ait pas contrevenu aux dispositions contenues au chapitre Ier. » Nous avons dit tout à l'heure que ce qui viciait le mariage contracté en France, c'était le défaut de publicité, et non pas seulement le défaut de publications, car le mariage pouvait, par quelque autre moyen, avoir été publiquement contracté. Doit-on décider de même pour le mariage contracté à l'étranger?

Vous n'annulez pas le mariage contracté en France, sans publications préalables, nous dit une première théorie, parce que les publications, à elles seules, en France, ne constituent pas la publicité du mariage, parce qu'il existe différents éléments de publicité se suppléant l'un l'autre. En est-il de même quand le mariage est contracté à l'étranger?

Non, car dans cette hypothèse, les publications constituent le seul moyen de rendre public en France le mariage qui va être célébré à l'étranger. Dès-lors, sans publications, le mariage est nécessairement clandestin; il doit donc toujours être annulé. Le texte de l'art. 170 est absolu : « Le mariage sera valable, dit-il, pourvu que, ce sont là des expressions impératives, pourvu qu'il y ait eu des publications. » C'est la condition *sine qua non* de la validité du mariage. Décider autrement serait ouvrir la porte aux unions les plus scandaleuses. En France d'ailleurs la peine édictée par la loi contre l'officier de l'état civil qui a célébré le mariage sans qu'il lui fût justifié de publications préalables, est une garantie de plus qui n'existe pas quand le mariage est célébré par un officier publie étranger.

On a répondu à cette argumentation que la loi est restée muette sur les conséquences de la violation des prescriptions de l'art. 170, que nulle part elle n'a prononcé la nullité du mariage non précédé de publications; qu'aux termes de la loi, le mariage du Français à l'étranger est régi par les mêmes règles que l'union contractée en France; que le mariage dont s'agit ne serait pas nul s'il avait été célébré en France; qu'il ne peut l'être davantage parce qu'il l'a été à l'étranger : de nombreux arrêts ont adopté cette théorie, que nous rejetons cependant comme nous rejetons la première.

Annuler le mariage par cela seul que quelques formalités secondaires ont été omises, c'est, il est vrai, frapper à mort les fraudes toujours à craindre en cette matière, et mettre obstacle à des mariages déplorables que la seconde opinion maintient; mais c'est aussi menacer dans leur existence des mariages contractés de bonne foi. Les valider toujours, au contraire, c'est ouvrir la porte à des fraudes coupables et souvent aussi prêter la main à des mariages véritablement clandestins. Aussi n'hésitons-nous pas à remettre aux juges le soin de décider s'il y a eu en fait, ou égard aux circonstances qui ont précédé ou accompagné le mariage, absence de publicité, et par conséquent nullité ou simple irrégularité. Encore bien est-ce revenir là à l'esprit comme au texte de l'art. 193, à la théorie générale de la loi en matière de publicité.

L'art. 170 n'énonce nettement aucun principe déterminé : il ne prononce pas expressément la nullité du mariage contracté à l'étranger sans publications préalables. Quel a donc été le but essentiel du législateur dans notre art. 170 ? Il est facile de le déduire de la rédaction de l'article lui-même, de la place qu'il occupe. Ce que la loi a voulu, avant tout, organiser dans l'art. 170, c'est la publicité du mariage contracté à l'étranger, comme elle a organisé aux art. 165 et suivants la publicité du mariage en France.

C'est donc une question de publicité qu'il s'agit de juger.

Or, la loi (art. 193) décide que c'est aux tribunaux saisis de la demande en nullité qu'il appartient de décider si l'omission de telle ou telle formalité est ou non suffisante pour faire prononcer la nullité, pour créer en réalité le vice de clandestinité : aux juges donc d'apprécier.

Les deux autres opinions ont d'ailleurs le très-grand inconvénient de traiter de même le mariage contracté de bonne foi à l'étranger par un Français qui, peut-être, y habite depuis des années, qui, peut-être, n'a plus en France de connaissances, de parents, et le Français qui passe la frontière pour se soustraire à l'accomplissement de certaines formalités qui pourraient retarder, sinon empêcher le mariage qu'il veut contracter : toutes circonstances que le système que nous adoptons permet aux juges de rechercher, de peser, et qui peuvent, entre ses mains, devenir de puissants moyens d'appréciation.

Nous irons même plus loin, et avec MM. Demolombe et Valette, nous dirons : qu'y eût-il originairement matière suffisante pour faire annuler le mariage contracté à l'étranger, bien que la nullité résultant de la clandestinité soit une nullité absolue, cette nullité pourra être couverte par des faits postérieurs « qui peuvent changer la gravité et le caractère du fait préexistant. » La loi, en attribuant aux magistrats un pouvoir discrétionnaire en quelque sorte, leur a, par cela même, donné le pouvoir de rejeter l'action en nullité par des fins de non-recevoir.

Les publications du mariage contracté à l'étranger doivent être faites, si le Français est encore, quant au mariage, sous la puissance de parents résidant en France, au lieu du domicile desdites personnes. Doivent-elles être faites également au lieu de son dernier domicile ? Il semble résulter des discussions qui eurent lieu au Conseil d'État, et que nous avons citées plus haut, que le Français est dispensé de publications en France, s'il n'est plus, quant au mariage, sous la puissance d'autrui. Cependant, en présence de la généralité de nos articles 94 et 170, nous ne doutons pas que le Français ne soit tenu aux publications, qui sont, en définitive, de droit commun en matière de mariage, alors surtout que l'on ne peut nulle part trouver un texte législatif qui prononce l'exemption pour le cas particulier qui nous occupe. Aussi, tenons-nous que le Français devra, dans tous les cas, faire publier son mariage au lieu de son dernier domicile. Ce sera toujours plus prudent, bien que nous pensions que le défaut de publication ne soit pas nécessairement une cause de nullité.

Reste une dernière question, la loi exige la transcription de l'acte de mariage du Français marié à l'étranger, sur les registres de l'état civil du lieu de son domicile, dans les trois mois de son retour en France. L'accomplissement de cette formalité est-il requis à peine de nullité ? Nous ne le croyons pas;

la loi, du reste, est muette sur la sanction de cette disposition; ce silence même ne permet pas de conclure à la nullité : les discussions qui ont eu lieu au Conseil d'État, lors de la rédaction du projet, prouvent, du reste, surabondamment, que jamais les rédacteurs du Code n'ont considéré cette transcription comme indispensable. La négligence du Français marié à l'étranger, ne devait être punie que d'un double droit d'enregistrement; peine qui n'a même pas été édictée dans les lois sur cette matière spéciale postérieurement promulguées.

Ce n'est pas là, à vrai dire, un moyen de rendre le mariage public ; car le Français n'est tenu à cette transcription qu'à son retour en France : par conséquent, tant qu'il reste à l'étranger, son mariage est valable, réputé connu, sans qu'il soit besoin de transcription. Or, son retour en France a certainement pour résultat de donner au mariage plus de publicité; et c'est justement dans ce cas que la transcription est requise ! Est-ce donc là véritablement un élément de publicité suffisant, pour que l'omission qui en serait faite suffise pour rendre annulable le mariage célébré à l'étranger ?

Cette transcription, selon-nous, n'a donc été réclamée par la loi que dans l'intérêt des époux et de leur famille. C'est un moyen qui leur est donné de conserver la preuve de leur mariage, preuve toujours entourée de longueurs et de difficultés quand il la faut aller chercher en pays étranger : c'est, au

reste, par les mêmes motifs que la loi a ordonné
(art. 95) la transcription sur les registres de l'état
civil du dernier domicile des époux, les actes des mariages contractés par les militaires hors du territoire
français, mariages valablement contractés devant
les chefs militaires qui, dans ce cas, font fonction
d'officiers de l'état civil.

Quant aux effets du défaut de transcription à
l'égard des tiers, nous n'avons pas à nous en occuper ici.

Aux termes de l'art. 75, le mariage doit être
célébré dans la maison commune. Nous ne croyons
pas cependant que le mariage doive être annulé par
cela seul qu'il aurait été procédé à la célébration
ailleurs que dans la maison commune.

Ce principe était, du reste, formellement consacré par le projet présenté au Conseil d'Etat par la
section de législation. « En cas d'empêchement, y
était-il dit, le sous-préfet pourra autoriser l'officier de l'état civil à se transporter au domicile des
parties pour recevoir leurs déclarations et célébrer
le mariage. » Il est vrai que cette disposition n'a pas
été maintenue; mais rien dans les travaux préparatoires ne laisse supposer que cette suppression
puisse porter atteinte à l'opinion que nous soute-
nons.

On ne savait point encore si on permettrait les
mariages *in extremis*, que l'ancien droit prohibait.
Notre Code ne les a nulle part défendus; ils
deviendraient impossibles, s'il était interdit à

l'officier de l'état civil de se transporter au domicile de l'une des parties incapable de se mouvoir. Peut-être y a-t-il une faute, un passé à effacer, un enfant à légitimer! Toutes les considérations, qui ont contribué au maintien du mariage *in extremis*, militent également en faveur du système que nous proposons : le mariage a été rendu public par des avertissements, des publications spéciales ; il a été célébré portes ouvertes (Coin, Delisle, Demolombe). Quels motifs alors de déclarer nul un mariage conctracté devant l'officier public compétent, en présence de témoins en nombre voulu ; suivi de l'inscription immédiate de l'acte sur les registres ?

« La loi ne dit nullement qu'un mariage célébré hors de la maison commune sera réputé non public. » (C. de Toulouse, 26 mars 1824). S'il n'est point réputé clandestin, il ne peut être annulé. C'est à cet avis que nous nous rattachons.

II. L'article 191 met sur la même ligne le mariage entaché de clandestinité, et celui qui a été célébré par un officier public incompétent. Il statue sur les deux hypothèses par une seule et même disposition : « Tout mariage qui n'a pas été contracté pu-
« bliquement, et qui n'a pas été célébré devant
« l'officier public compétent, peut être attaqué par
« les époux eux-mêmes, etc. (art. 191). »

Nous avons vu tout à l'heure que le juge tirait de l'article 193 un certain pouvoir d'appréciation, quand il s'agissait de la nullité résultant du défaut de publicité. Ce même pouvoir lui appartient-il

quand l'instance en nullité se base sur l'incompétence de l'officier de l'état civil? En d'autres termes,
le juge pourrait-il, bien que le mariage ait été célébré par un autre officier que celui que la loi désigne spécialement pour chaque hypothèse, maintenir
le mariage, s'il ne juge pas la contravention suffisante pour entraîner la nullité?

Quelques auteurs ont refusé aux juges ce pouvoir
d'appréciation. D'après eux, si la publicité du mariage est un fait complexe, la compétence de l'officier est une : elle existe, ou elle n'existe pas. Il n'y
a pas de degré dans la compétence, comme il y en
a dans la publicité, si donc le juge constate que le
mariage a été célébré devant un officier incompétent, il doit toujours et nécessairement prononcer
la nullité : c'était bien là, disent-ils, l'opinion de
M. Portalis. Ecoutez-le : « La plus grave de toutes
les nullités est celle qui dérive de ce qu'un mariage
n'a pas été célébré en présence de l'officier civil
compétent... Il n'y a pas mariage, mais commerce
illicite, entre des personnes qui n'ont point formé
leur engagement en présence de l'officier civil compétent, témoin nécessaire du contrat. » Cependant
il nous semble que cette théorie doit être repoussée.
Le pouvoir discrétionnaire du juge, qui existe quand
il s'agit de juger une question de publicité, n'existe
pas, dit-on, quand il est question d'incompétence.
Et pourquoi ? Reportons-nous aux textes :

Que dit l'art. 165 : « Le mariage sera célébré
« publiquement devant l'officier civil du domicile

« de l'une des parties. » A quel article se réfère l'art.
193, quand il accorde aux juges le pouvoir discrétionnaire que l'on refuse d'étendre au cas qui nous
occupe? A l'art. 165, aux contraventions aux règles
prescrites par l'art. 165 : c'est-à-dire qu'il a trait
aussi bien à la nullité résultant de l'incompétence
de l'officier civil, qu'à celle qui résulte du défaut
de publicité. Est-il vrai, d'ailleurs, que la compétence soit vraiment telle, qu'elle ne soit pas susceptible de nuances, comme la publicité? Cela est
très-contestable; va-t-on, par exemple, considérer
comme égale, identique, l'incompétence d'un huis-
sier qui célébrerait un mariage, et l'incompétence
de l'officier civil, résultant de ce que les parties
qu'il a mariées ne résident dans sa commune que
depuis cinq mois, au lieu de six que demande la loi;
est-on bien sûr, d'ailleurs, que les paroles de
M. Portalis soient fort concluantes? N'y a-t-il pas
lieu de croire que l'exposé des motifs et notre article 193 règlent des hypothèses très-différentes : le
premier, le cas où le mariage est nul, parce que
l'incompétence de celui qui l'a célébré est absolue :
l'incompétence d'un notaire, par exemple; alors
que notre article 193 viserait l'hypothèse d'un mariage simplement annulable ? Le mariage célébré
par un officier civil incompétent pourra être attaqué, dit notre article : il n'y a pas de mariage, il y
a concubinage, dit l'exposé des motifs. Il ne semble
guères que ces deux phrases se rapportent à
la même hypothèse. Les paroles de M. Portalis ne

nous semblent donc pas suffisantes pour ébranler l'argument que nous tirons de l'art. 165, combiné avec l'art. 193, de l'assimilation absolue faite dans ces deux articles entre les deux hypothèses de défaut de publicité et d'incompétence de l'officier, alors surtout que dans le même exposé M. Portalis lui-même, quelques lignes plus haut, semble confondre dans la même règle les deux nullités résultant du défaut de publicité et de l'incompétence de l'officier qui a célébré le mariage.

« La plus grave de toutes les nullités, dit il, est celle qui dérive de ce qu'un mariage n'a pas été célébré publiquement et devant l'officier civil compétent. » Enfin l'orateur du Tribunat, M. Boutteville, vient lever tous les doutes, faire cesser toutes les incertitudes. Voici ce qu'il dit : « S'agit-il d'un mariage qui n'aurait pas été contracté *avec publicité et devant l'officier de l'état civil* compétent, le législateur semble *laisser à la prudence* du magistrat de peser ce que l'intérêt des mœurs et la paix des familles pourraient exiger de la sévérité de leur ministère. » Quelles raisons ont porté le législateur à déterminer si soigneusement quel serait l'officier public compétent pour célébrer le mariage ? C'est que la loi a vu dans l'intervention de l'officier compétent un élément de publicité de plus. « L'officier de l'état civil est le témoin du contrat, a dit M. Portalis. Sa présence est une garantie de plus contre la clandestinité. » La compétence de l'officier de l'état civil est donc en réalité un des éléments de publicité de la célébration. Toute question de compétence devient donc en réalité une question de publicité, et doit donc, aux termes de l'art. 193, être appréciée souverainement par les tribunaux.

Quelques difficultés se sont élevées sur le plus ou moins d'étendue à donner à la compétence de l'officier de l'état civil, et tout d'abord on s'est demandé si l'officier de l'état civil du domicile de l'une des parties pourrait se transporter dans une autre commune pour célébrer le mariage ? Les parties, dit-on, ne se peuvent marier que devant un officier civil déterminé ; si elles peuvent partout trouver un notaire capable de dresser tels actes qu'elles réclameront, il n'en est pas de même des officiers de l'état civil. La loi a eu soin de déterminer devant quel officier le mariage devra avoir lieu, et cet officier ou ces officiers sont seuls légalement compétents pour célébrer le mariage. La loi eût donc été injuste et imprévoyante si elle n'eût point, en cas d'urgence, autorisé l'officier à se transporter hors du territoire de sa commune, en cas d'urgence ou de nécessité reconnue : ce que du reste aucun texte de loi ne lui défend expressément de faire.

L'opinion contraire nous paraît cependant préférable et plus en rapport avec l'esprit général de notre législation.

En principe, l'officier de l'état civil est en même temps l'administrateur de sa commune ; en d'autres termes, ce sont les maires et adjoints de la commune qui, en même temps qu'ils sont préposés à la direction des affaires municipales, sont chargés de la tenue des registres et des fonctions d'officier de l'état civil. Comme administrateurs d'abord, leur autorité, leur capacité, s'arrêtent à la limite de la commune ; comme officiers de l'état civil, leur pouvoir disparaît aussi, car il est évident, et cela n'est pas contesté, que hors de la commune ils n'auraient pas qualité pour recevoir un acte de naissance ou un acte de décès. Pourquoi donc faire exception pour l'acte de mariage, alors surtout que la loi ne s'en explique pas formellement ; qu'il semble résulter, au contraire, de ces dispositions, qu'elle a entendu en cette matière faire application des principes du droit commun. Lisons l'art. 74 : « Le mariage sera célébré dans la commune où l'un des deux époux aura son domicile. » Lisons ensuite l'art. 165 : « Il sera célébré devant l'officier du domicile de l'une des parties. » Disposition qui, combinée avec l'art. 74, revient à cette formule générale : « Le mariage doit être célébré dans la commune où l'un des époux aura son domicile, par l'officier civil du lieu de ce domicile.» Il y aurait du reste une impossibilité matérielle à cette célébration hors de la commune. L'acte de mariage doit être rédigé immédiatement après la célébration et inscrit sur les registres de l'état civil : et sur quels registres l'officier qui se sera transporté hors de sa commune pourra-t-il dresser l'acte? Sera-ce sur les registres de la commune sur le territoire de laquelle on se trouve? Mais cela n'o pas possible, car c'est l'officier de cette commune qui seul a ces registres à sa disposition ! Sera-ce alors sur les registres de la commune de l'officier qui a célébré le mariage? Mais le transport des registres dans une autre commune peut-il être autorisé? On sait quelles précautions la loi prend pour assurer la conservation des registres de l'état civil : est-il permis de supposer qu'elle irait, pour le plus grand avantage de quelques individus déterminés, compromettre d'une manière aussi grave le nom et l'état d'un grand nombre? Toutes ces considérations nous amènent à décider que la compétence de l'officier de l'état civil s'arrête aux limites de sa commune. Les uges trouveront cependant dans le pouvoir discrétionnaire que la loi leur accorde (au moins est-ce là notre opinion) le droit d'apprécier les circonstances, et de maintenir le mariage ou de l'annuler, selon qu'ils reconnaîtront plus ou moins de gravité à la contravention qui sert de base à la demande en nullité.

Reste, en ce qui concerne la compétence des officiers désignés par la loi pour célébrer les mariages, une dernière question à élucider.

Nous avons vu tout à l'heure que le militaire sous les drapeaux, hors du territoire français, pouvait, aux termes de l'art. 88, contracter mariage par devant les officiers militaires, qui font alors fonctions d'officiers de l'état civil. Nous savons également que le Français à l'étranger peut valablement recourir au ministère de l'officier compétent dans le pays où il se trouve. Le militaire, sous les drapeaux, peut-il légalement contracter mariage devant l'officier public étranger?

Quelques auteurs ont soutenu que la disposition de l'art. 88 est une facilité, un avantage, qu'on a voulu concéder au soldat; que ce serait tourner cette faveur contre lui que de lui refuser le bénéfice du droit commun en matière de mariage à l'étranger. Nous adoptons l'opinion contraire, et voici pourquoi: « Là où est le drapeau, là est la France, » a dit le premier Consul, lors de la discussion au Conseil d'État. C'est de cette fiction, que le premier Consul fit législativement consacrer, qu'est sorti l'article 38. C'est sur cette fiction qu'est basé pour le soldat le droit de contracter mariage par devant ses supérieurs hiérarchiques. C'est là un avantage certainement. Mais d'un autre côté, si le soldat est légalement en France, tant qu'il est sous les drapeaux, c'est à l'officier civil français qu'il doit recourir; dans l'espèce, aux officiers militaires désignés par la loi. Admettrait-on qu'un officier civil étranger pût célébrer le mariage d'un Français, domicilié en France, d'un Français qui n'aurait pas quitté la France, concurremment avec l'officier civil français? Le soldat sous les drapeaux n'est pas à l'étranger. « Là où est le drapeau, là est la France. » L'officier public étranger ne peut dèslors être compétent; le militaire doit donc néces-

sairement recourir au ministère de l'officier dési-
gné par l'art. 89 Code Napoléon.

Les termes mêmes de l'article 88 : « les actes de
l'état civil seront reçus, » ne permettent guère du
reste le doute à ce sujet, corroborés qu'ils sont encore par la parole de l'orateur du Tribunat, M. Si-
méon, et par la grande autorité de M. le procureur
général Merlin.

II. L'inceste forme la deuxième cause de nullité
absolue. La loi (art. 184) prononce la nullité de
tout mariage contracté en contravention aux dispositions des articles 161, 162 et 163.

Les prohibitions, les empêchements entre parents
et alliés étaient autrefois très-nombreux, la discipline ecclésiastique avait beaucoup varié suivant le
temps. Le Code les a réduits à un plus petit nombre ; au reste, ce sont dés empêchements dirimants.

La loi française interdit le mariage en ligne directe entre tous les ascendants légitimes et naturels
et les alliés dans la même ligne. Cette prohibition
est d'ailleurs reproduite dans toutes les législations
modernes (entre autres, Code prussien, 935 ; Bava-
rois, art. 1, § 7 ; Suédois, art. 68 ; Code du
royaume des deux Siciles, art. 151).

En ligne collatérale, le mariage est prohibé entre
le frère et la sœur légitimes ou naturels, et les alliés
au même degré ; cette prohibition n'est absolue
qu'en ce qui concerne les frères et sœurs légitimes
et naturels. Quant aux alliés (beaux-frères et belles-
sœurs), la loi accorde au chef de l'État le droit d'ac-

corder des dispenses pour des motifs graves ; elle lui permet également de lever la prohibition portée dans l'art. 163, aux mariages entre l'oncle et la tante, la tante et le neveu (loi, 16 avril 1832.)

Le mariage entre l'oncle et la nièce, la tante et le neveu, est formellement prohibé par le Code. La loi est muette au contraire sur les conséquences du mariage contracté sans dispense, par le grand-oncle avec la petite-nièce, la grande-tante et son petit-neveu. La prohibition contenue en l'article 163 doit-elle être étendue à cette hypothèse ? Le Conseil d'État consulté, avait été d'avis que le mariage pouvait avoir lieu en ce cas (23 août 1808). Voici comment s'exprimait le Conseil d'État :

« Le Code ne prohibe que le mariage entre l'oncle et la nièce, la tante et le neveu ; le législateur n'a pas cru devoir étendre ses défenses aux degrés plus éloignés. Il est vrai qu'il existe souvent une grande disproportion d'âge entre le grand-oncle et la petite-nièce, mais encore que les mariages disproportionnés par l'âge ne soient pas favorables, *la loi ne les a pas interdits*, et des circonstances particulières les rendent quelquefois convenables.

Contrairement à cet avis du Conseil d'Etat, l'empereur, par décision en date du 7 mai 1808, décréta que « le mariage entre un grand-oncle et sa petite-nièce ne pouvait avoir lieu qu'en conséquence de dispenses accordées conformément à ce qui est prescrit par l'art. 164 du Code. »

Cette décision impériale ne suffit certainement pas

à elle seule pour créer un empêchement dirimant : elle est illégale, inconstitutionnelle, et ne saurait avoir force de loi ; l'avis du Conseil d'Etat de son côté, dépourvu de l'approbation qui seule aurait pu lui donner force et autorité, ne doit être consulté qu'à titre de renseignements. C'est donc ailleurs qu'il faut chercher nos raisons de décider. Le droit romain, et après lui l'ancienne pratique judiciaire, défendait, comme notre droit d'aujourd'hui, le mariage de l'oncle et de la nièce. Le motif qui avait dicté cette prohibition était qu'à l'égard de leurs neveux et de leurs nièces, les oncles et tantes étaient *loc oparentum*. La même raison leur faisait, et à plus forte raison, défendre le mariage du grand-oncle et de la petite-nièce : pourquoi la même décision ne serait-elle pas admise dans notre droit : les relations, les rapports qui existent d'oncle à neveu, ne sont-ils pas d'ailleurs analogues aux rapports qui existent de grand-oncle à petit-neveu ? Ne serait-ce pas, dès lors, une véritable inconséquence de permettre aux uns ce que l'on défend aux autres? L'expression oncle est une expression générique qui comprend aussi bien le grand-oncle que l'oncle propement dit ; l'avis du Conseil d'Etat, dépourvu de toute autorité légale, ne nous paraît donc pas suffisant pour faire obstacle à une décision qui a pour elle le droit romain, l'ancien droit, et qui nous paraît d'accord avec l'esprit bien entendu de notre article 163.

Nous avons vu plus haut que le mariage était

interdit en ligne directe entre ascendants et descendants, tant naturels que légitimes. Nous avons vu
qu'il en était de même au premier degré de la ligne
collatérale, et que le mariage était défendu entre
frères et sœurs naturels, comme entre frères et
sœurs légitimes.

Mais l'interdiction du mariage entre l'oncle et
la nièce, la tante et le neveu, est bornée à la ligne
légitime ; le mariage est donc possible entre le
frère ou la sœur du père naturel, et l'enfant de
celui-ci.

Même dans les cas où la parenté naturelle fait
obstacle au mariage, cet obstacle n'existe en
réalité, à notre point de vue, que quand il a été
légalement établi.

On objecte qu'ici la loi ne porte pas : «légalement
reconnus» ce qu'elle porte presque partout quand
elle s'occupe des enfants naturels; que dès lors, l'expression générale dont elle s'est servie, comparée à
son langage habituel, semble vouloir dire : parenté
naturelle absolument sans réstriction, sans qu'il
soit nécessaire qu'elle ait été légalement établie;
que l'opinion contraire serait la source de scandales sans nombre; qu'il est impossible de souffrir
le mariage d'un homme avec une enfant qui serait
notoirement à lui; que le droit romain prohibait le
mariage du père avec son enfant *vulgo quæsita*.
Que c'est là une règle de morale que la loi n'a pu
rejeter.

Toutes ces raisons ne nous décident pas : la loi

dans l'intérêt des familles a tracé avec le plus grand soin, pour la reconnaissance de la parenté naturelle, des règles minutieuses et sévères. Elle a compris qu'il ne fallait pas que, pour un motif ou pour un autre, l'honneur d'une famille pût être atteint par des recherches déplorables, qui souvent n'aboutiraient qu'à des scandales inutiles.

Comment, d'ailleurs, s'établirait cette parenté naturelle, ce défaut de reconnaissance légalement effectuée ? Permettra-t-on, pour refus de mariage, de prouver cette parenté naturelle, par des actes sous seing-privé, par des titres quelconques ? Mais on sait bien que la loi proscrit formellement ces divers moyens de preuve. Recourra-t-on à une enquête ? Mais, outre qu'il est très douteux qu'il soit permis à des tribunaux d'ordonner une enquête sur une telle question, enquête que la jurisprudence constante de la Cour de cassation repousse et condamne, que prouvera cette enquête ? Que telle ou telle personne, dans l'espèce, le futur conjoint a eu des relations avec le mari de celle qu'il veut épouser ? Or, il est généralement admis, aujourd'hui, qu'il ne peut naître d'affinité civile entre le concubin et les enfants de la concubine. D'ailleurs, les relations prouvées ne prouvent pas du tout la paternité : la règle *pater is est*, n'est applicable qu'au cas de mariage; c'est en cas de mariage seulement que, légalement, l'enfant de la femme est l'enfant du mari. Lorsqu'il y a seulement commerce illicite, légalement l'enfant n'a pas de père.

La recherche de la paternité est interdite, dit l'article 340. Et sauf dans l'hypothèse de l'enlèvement, la loi n'a nulle part fait d'exception à un principe dont l'intérêt des familles, l'intérêt même de la société exigent impérieusement le maintien. Eh bien ! ce principe, posé par l'article 340, ces règles posées dans les articles 334 à 342, l'opinion que nous combattons, les foule aux pieds, et pour éviter une union qu'elle considère comme immorale, elle ouvre la porte à « ces recherches souvent calomnieuses, et toujours scandaleuses, que la haine ou l'avidité pourrait faire d'une paternité ou d'une maternité ignorée ou supposée. » Elle revient à ces recherches de paternité de l'ancien régime que Portalis considérait comme le fléau de la société, et pour éviter un scandale, prête la main aux inquisitions les plus flétrissantes, aux prétentions les plus éhontées.

Aussi n'hésitons-nous pas à décider que, ici comme en toute autre matière, il n'est, aux yeux de la loi, d'autre parenté naturelle que celle qui est établie conformément aux règles tracées aux articles 334 et suivants. Mais une fois légalement prouvée, elle devra toujours, et dans tous les cas, produire son effet. Ainsi donc, s'il arrivait qu'après la célébration du mariage, l'un des conjoints fût reconnu comme enfant naturel par le père ou la mère de son conjoint, cette reconnaissance devrait, dans tous les cas, annuler le mariage ; sauf cependant aux époux à faire usage de la faculté à eux accordée par l'art. 339, qui reconnaît à tous intéressés le

droit de contester la reconnaissance qui leur préjudicie.

Nous avons dit tout à l'heure que, selon nous, le
commerce illicite de deux personnes non mariées,
ne formait pas, à nos yeux, alliance entre l'un d'eux
et les parents de l'autre; que rien ne pouvait, par
conséquent, former obstacle au mariage du concubin avec les parents de sa concubine. Cette décision
a été contestée. L'ancien droit, dit-on, reconnaissait qu'une espèce d'affinité naissait du commerce
illicite; le Code n'ayant pas donné de définition de
l'alliance, il est naturel de croire qu'il lui a con-
servé son ancien sens, son ancienne étendue. Nous
ne le croyons pas, et par une raison bien simple,
c'est que l'affinité est le résultat du mariage. C'est
le rapport qui existe entre l'un des conjoints par
mariage et les parents de l'autre. *Affinitatis causa
fit ex nuptiis*, disait déjà le droit romain.

Enfin, la loi prohibe le mariage entre l'adoptant
et l'adopté et ses descendants, entre les enfants
adoptifs du même individu, entre l'adopté et les
enfants de l'adoptant, entre l'adopté et le conjoint
de l'adoptant, et réciproquement, entre l'adoptant
et le conjoint de l'adopté.

Mais il ne paraît pas que la violation de cet article soit suffisante pour entraîner la nullité du
mariage contracté : il n'est point permis d'annuler
des mariages par analogie, et l'art. 184 ne prononce
la nullité qu'en cas de contravention aux dispositions des articles 161, 162 et 163. Son silence, en

ce qui concerne les conséquences de la violation de l'art. 348, ne nous permet pas de conclure à la nullité.

III. Une autre cause de nullité naît de la violation de l'article 147. Aux termes de cet article, nul ne peut contracter un second mariage avant la dissolution du premier. Cette disposition trouve une nouvelle sanction dans l'art. 340 du Ccode pénal, qui punit de la peine des travaux forcés tout individu coupable de bigamie, et frappe de la même peine l'officier de l'état civil qui a célébré le mariage, bien qu'il eût connaissance d'un mariage préexistant.

L'empêchement dirimant résultant de la préexistence d'un premier mariage n'a d'effet, du reste, qu'autant que le premier mariage a été légalement et valablement formé. La nullité de ce premier mariage peut donc être opposée comme exception préjudicielle à la demande en nullité dirigée contre le second.

Depuis l'abolition du divorce et de la mort civile, tout individu, qui a déjà été engagé dans les liens du mariage, doit représenter l'acte de décès de son premier conjoint à l'officier de l'état civil qui doit procéder à la célébration.

L'absence de l'un des conjoints, quelque longue qu'elle soit, ne peut autoriser l'époux présent à contracter un second mariage.

La loi du 20 septembre 1702, section 1re, art. 4, permettait le mariage au conjoint présent, après cinq ans passés sans nouvelles.

Le Code civil n'a pas reproduit cette disposition. Il est revenu aux règles de l'ancien droit, et ne fait pas de l'absence une cause de dissolution du mariage. L'étendue de ce principe est bien déterminée par un avis du Conseil d'État du 17 germinal an XIII, où il est dit :

« Que, à l'égard de l'absence, ses effets sont réglés par le Code civil en tout ce qui regarde les biens, mais qu'on ne peut aller au delà, ni déclarer le mariage de l'absent dissous après un certain nombre d'années. Qu'à la vérité, plusieurs femmes de militaires peuvent, à ce sujet, se trouver dans une position fâcheuse, mais que cette considération n'a pas paru, lors de la discussion du Code civil, assez puissante pour les relever de l'obligation de rapporter une preuve légale de la mort de leur conjoint ; qu'il n'y a pas lieu dès-lors de déroger au droit commun. » Si l'incertitude de l'existence du premier conjoint doit nécessairement être un obstacle au mariage du conjoint présent, cette incertitude même ne permet pas d'annuler le mariage contracté par le conjoint d'un absent, tant que celui-ci n'est pas de retour, tant que son existence n'est pas prouvée. » Tel est le principe qui résulte de l'art. 139 au titre *de l'absence*, sur lequel, du reste, nous aurons à revenir bientôt.

IV. Reste encore comme dernière cause de nullité absolue, l'impuberté des époux ou de l'un d'eux.

On sait que, suivant le droit romain et le droit

canonique, l'homme à quatorze ans, la femme à douze ans pouvaient contracter mariage.

Cet âge, déjà jugé insuffisant par le législateur de 1792, devait être reculé encore par les rédacteurs du Code civil. Il est par l'article 144 fixé à dix-huit ans pour les hommes, à quinze ans pour les femmes. Les années doivent être révolues ; le Code a cru devoir s'expliquer formellement sur ce point à cause de la vieille règle : « *annus inceptus pro completo habetur.* » L'article 145 ajoute, que le chef de l'État peut accorder des dispenses pour des motifs graves; c'est à lui qu'il appartient de les apprécier. Un arrêté du 20 prairial an XI indique les formes à suivre pour l'obtention de ces dispenses. La pétition des parties doit être adressée au procureur impérial qui donne son avis, et transmet le tout au ministre de la justice. Une circulaire ministérielle du 20 mai 1824, porte que l'on n'accordera des dispenses, qu'aux hommes ayant dix-sept ans accomplis, et aux femmes en ayant quatorze, sauf pour celles-ci le cas où elles seraient devenues grosses avant cet âge. Aucune dispense ne doit être accordée, quand l'homme est de plusieurs années plus jeune que la femme, « l'âge supérieur de celle-ci autorise à croire qu'il y a séduction. » — Si la loi a fixé l'âge à partir duquel elle permettait le mariage, elle n'a, en sens inverse, posé aucune limite d'âge, après laquelle elle le défendit (1). La

(1) La loi russe interdit le mariage à toute personne âgée de plus de 90 ans.

vieillesse la plus avancée ne constitue pas un empê·
chement. Les mariages *in extremis*, privés de tout
effet civil par l'ancien droit, ne sont plus défendus
aujourd'hui.

Si l'on pouvait craindre que ceux qui aiment « les
douceurs du mariage sans en aimer les charges,
fussent invités à vivre dans un célibat honteux,
par l'espoir d'effacer un jour, à l'ombre d'un simu·
lacre de mariage les torts de leur vie entière (1), »
la prohibition de la déclaration de 1639 avait le
malheureux effet de fermer la porte au repentir,
d'oublier que la société elle-même était intéressée
à la réparation des torts de la vie passée, à la légiti·
mation d'enfants nés d'un commerce illicite ; « la
loi ne pouvait ni ne devait aussi cruellement étouf·
fer la nature (2), » et notre Code d'aujourd'hui a
bien fait de ne pas renouveler une prohibition plus
fertile en inconvénients déplorables qu'en avan·
tages sérieux.

Aux termes de l'article 184, tout mariage con·
tracté en contravention aux dispositions de l'art.
144 peut être annulé. Nous verrons cependant que
cette action en nullité est soumise à des règles spé·
ciales, tant au point de vue des fins de non recevoir
qui peuvent lui être opposées, qu'en ce qui concerne
les personnes à qui la loi reconnaît le droit de la
proposer.

(1) Portalis, discours au corps législatif,

(2) Id. *Loc. sup. cit.*

CHAPITRE II.

QUELLES PERSONNES ONT QUALITÉ POUR PROPOSER LES NULLITÉS ABSOLUES.

Nous avons vu plus haut avec quel soin la loi a déterminé les personnes qui pouvaient attaquer le mariage contracté sans le consentement des parents ou du conseil de famille, le mariage auquel n'auraient pas librement consenti les deux époux.

Durée de l'action, conditions qui la rendent recevable, la loi a tout fixé, tout soigneusement organisé.

Un petit nombre de personnes est seul autorisé à poursuivre la nullité du mariage.

C'est que, lorsqu'il ne s'agit que de quelqu'une de ces nullités que l'on a appelées « nullités relatives, » il y a plutôt une atteinte portée au droit de la famille, une atteinte au droit respectif des parties, qu'une violation de ces prescriptions de la loi, dont le maintien intéresse la société tout entière.

Dans la matière qui va nous occuper maintenant, il en est tout autrement, car il s'agit d'hypothèses « où la considération du bien public, comme disait d'Aguesseau, semble se joindre aux collatéraux pour s'élever contre un mariage odieux, » où ce n'est plus simplement le droit de quelques personnes déterminées, mais les règles les plus respectables de l'ordre, de l'honnêteté publique qu'une union déplorable a violées. La loi devait donc, pour être conséquente, permettre à toute personne justifiant d'un préjudice causé par le maintien d'une telle union, et au ministère public toujours intéressé à faire annuler un mariage contracté au mépris des lois, de provoquer l'annulation d'un mariage entaché de nullité absolue.

Aux termes de la loi, les nullités absolues peuvent être proposées :

1° Par les époux eux-mêmes (art. 1345) ;

2° Par le père, la mère, les ascendants, la famille même (186, 191);

3° Par l'époux au préjudice duquel a été contracté un second mariage ;

4° Par le ministère public;

5° Par tous ceux qui y ont intérêt.

1° Il n'y a pas lieu de distinguer entre les époux ; le texte est absolu : tous deux peuvent agir, l'époux pubère comme l'époux impubère, l'époux bigame comme son conjoint. «C'est là, il est vrai, une dérogation au droit commun; car les époux, dans ce dernier cas, peuvent se prévaloir d'une faute par eux commise pour faire annuler un mariage provenant de ce délit. Mais cette dérogation était nécessaire pour assurer le maintien d'une loi qui importe à l'ordre public. C'est une voie ouverte à l'époux coupable pour qu'il puisse réparer le délit qu'il a commis. » (Bigot Préameneu.) Quant à l'époux pubère, on pourrait à la rigueur déduire de la fin de non-recevoir opposée à l'action des ascen-

dants qui ont consenti au mariage une fin de non-
recevoir analogue ; car lui aussi a consenti. Mais
le texte absolu de l'art. 184 s'oppose à toute interprétation restrictive. L'action doit être accordée
aux deux époux.

2° Quant aux ascendants, la loi leur donne-t-elle
un droit spécial dérivant de leur qualité d'ascendants ? L'art. 191 leur accorde formellement le
droit de faire valoir la nullité résultant du défaut
de publicité ou de l'incompétence de l'officier qui
a célébré le mariage. Sur ce point, la question ne
peut être douteuse ; elle n'est controversée qu'en
ce qui touche les autres nullités absolues.

L'art. 191, dit une première opinion, en accordant
expressément l'action en un cas déterminé, a dérogé à l'art. 184, qui reste la règle commune ; le
législateur a réglé spécialement chaque nullité ;
cela résulte des paroles de M. Portalis :
« Les règles applicables à l'une ne doivent pas
être étendues à d'autres. » L'art. 184 reste donc
seul avec son complément l'art. 187. Or, aux
termes de cet article, les parties, pour pouvoir attaquer le mariage, doivent justifier d'un intérêt né
et actuel. Cet intérêt existe dans deux cas : 1° quand
les ascendants n'ont pas donné leur consentement ;
2° après la mort de l'enfant, quand ils sont appelés
à sa succession. N'ayant d'intérêt que dans ces deux
cas, leur action ne peut être admise que dans ces
deux hypothèses.

L'opinion contraire est plus généralement adop-

tée. C'est à ce second système que nous nous rattachons, encore nous paraît-il mieux fondé en droit
comme en raison. Aux termes de l'art. 191, les
ascendants peuvent attaquer le mariage de leur enfant, célébré sans publicité ou par un officier incompétent. D'un autre côté, l'art. 186 les déclare non-
recevables à attaquer le mariage contracté par leur
enfant impubère quand ils ont consenti au mariage
contracté au mépris des dispositions de l'art. 185 :
non-recevables, cela prouve qu'en principe les ascendants sont admis à attaquer le mariage. Leur
droit existe donc, droit dont ils peuvent être privés dans des cas spéciaux, mais qui n'en est
pas moins un attribut de leur qualité d'ascendants;
droit dont l'exercice n'est subordonné ni au prédécès de l'enfant ni à l'existence d'un intérêt pécuniaire.

C'est là une condition que la loi ne réclame ni
dans l'art. 191, où cependant elle accorde bien
nettement l'action aux ascendants, ni dans l'art. 186,
ni dans l'art. 187, où elle ne soumet que les collatéraux à justifier d'un intérêt pécuniaire.

Et quand même nous n'aurions pas pour nous le
texte de ces articles, nous nous croirions encore
obligé d'accorder aux ascendants le droit d'attaquer le mariage; car à nos yeux il y a pour eux un
intérêt né et actuel à faire annuler une union qui
couvre de honte une famille tout entière, et qui
pour eux, ascendants, a créé des obligations nouvelles à l'égard des nouveaux conjoints et des en-

fants nés ou à naître de ce mariage. Prononcer la nullité pour un tel motif, « c'est donner satisfaction tout à la fois à un grand intérêt de famille et aux véritables intérêts de la société. »

S'il existe plusieurs ascendants, l'ordre d'après lequel ils doivent agir n'est pas déterminé par la loi; dans l'art. 191, elle se borne à accorder l'action aux ascendants en général, d'où l'on a déduit le droit pour tous les ascendants d'agir concurremment.

Cette solution nous semble contraire sinon au texte, au moins à l'esprit de la loi. Sur quoi se base l'action accordée aux ascendants? Sur l'intérêt moral que l'on reconnaît au père de faire cesser le désordre dans lequel vit son enfant. Le droit qu'on lui accorde est la conséquence de la puissance paternelle que la loi lui attribue; il est donc naturel qu'il soit remis à celui qui en est le dépositaire. Cette puissance paternelle, dans notre droit, appartient à l'ascendant le plus proche et ne passe au degré suivant qu'à défaut d'ascendants du premier degré: elle n'appartient jamais à plusieurs ascendants concurremment; autrement toute hiérarchie, toute discipline seraient détruites dans la famille : la loi, qui n'a conféré que graduellement aux ascendants le droit de consentir au mariage, et de former opposition, ne pouvait sans inconséquence leur donner à tous ensemble le droit de proposer la nullité du mariage.

3° Le conseil de famille aurait-il qualité pour

proposer les nullités absolues? Pour que la question puisse se présenter, il faut supposer que le mariage qu'il s'agit d'attaquer a été contracté par le mineur avec le consentement du père, ou, à son défaut, de la mère, et que ceux-ci soient décédés sans laisser d'ascendants; autrement, en effet, le conseil de famille aurait l'action en nullité résultant « du défaut de consentement de ceux dont le consentement était requis. »

L'art. 186 déclare que la famille sera non recevable.... Le droit d'attaquer le mariage lui appartient donc, au moins lorsque l'union a été contractée contrairement aux dispositions de l'art. 144. Si la loi lui permet de proposer cette nullité, qui ne résulte que de l'impuberté de l'époux ou de l'un d'eux, quelles raisons de lui refuser le droit d'en proposer d'autres bien plus graves, telles que celles qui résultent de la bigamie ou de l'inceste? On a objecté, il est vrai, que famille, dans l'art. 186 ne voulait pas dire conseil de *famille* ; cette objection est formellement combattue par le texte même de la loi.

L'art. 75 porte que l'acte authentique du consentement de la famille contiendra....

L'art. 76, que l'acte de mariage énoncera le consentement de la famille.

Famille est donc pris comme synonyme de conseil de famille : l'art. 186 à lui seul suffirait du reste à le prouver,-car à défaut d'ascendants, aucun membre de la famille, aucun collatéral, n'a le droit

de consentir au mariage, droit essentiellemen
réservé au conseil de famille, à qui seul par conséquent peut être opposée la fin de non-recevoir
résultant du consentement par lui donné.

Mais ici, comme quand il s'agit d'une nullité relative, le conseil de famille ne peut agir après la
majorité du conjoint.

4° Comme les époux, comme les ascendants, tous
ceux qui y ont intérêt peuvent proposer les nullités
absolues.

L'intérêt des demandeurs en nullité doit être né
et actuellement existant, et cet intérêt (le texte de
l'art. 187 semble le dire) devrait être un intérêt de
succession. L'art. 187 porte, en effet, « que l'action
en nullité ne peut être intentée par les collatéraux,
ou les enfants nés d'un autre mariage, du vivant
des deux époux, » c'est-à-dire seulement par la famille et le ministère public (comme l'a jugé la Cour
de cassation, 12 novembre 1839), sans que l'action
de parties étrangères à la famille des époux puisse
être admise par les tribunaux. Cependant, on
admet généralement que les nullités absolues peuvent être proposées par d'autres personnes que des
membres de la famille, dès-lors qu'ils justifient d'un
intérêt né et actuel, même du vivant des époux.
En effet, l'art. 184 commence par accorder l'action
en nullité à tous ceux qui y ont intérêt sans distinction, entre intérêt de succession et intérêt
d'autre sorte. L'art. 187 n'est pas une restriction
apportée à la règle générale; le législateur, en le

rédigeant, n'a eu d'autre but que de trancher des questions qui pouvaient faire difficulté. Du seul article 184, on aurait pu déduire, que pour des collatéraux, des enfants d'un premier lit, l'espérance de successions non encore ouvertes, la situation même qu'ils occupaient dans la famille suffisaient pour rendre leur action recevable. L'art. 187 a été rédigé pour lever ces incertitudes. La loi n'a voulu qu'une chose: astreindre les collatéraux à justifier d'un intérêt né et actuel à l'annulation du mariage, et comme le plus souvent leur intérêt, leurs droits, ne viennent à naître qu'à la mort de l'un des époux, on s'explique facilement la rédaction de la seconde partie de l'art. 187, qui revient à dire simplement : « Les collatéraux ne peuvent, en principe, attaquer le mariage du vivant des époux, parce que, tant que l'un de ceux-ci n'est pas décédé, ils n'ont point encore d'intérêt né et actuel.» Cette explication donnée, nous restons avec le seul article 184, qui accorde l'action à quiconque est intéressé à faire valoir la nullité. Aussi n'hésitons-nous pas à admettre qu'un tiers, qu'un créancier de la femme, devrait être reçu à attaquer le mariage, dès-lors qu'il justifierait d'un préjudice à lui causé par le maintien de l'union entachée de nullité absolue, et que la même solution doit être donnée pour les collatéraux, qui justifieraient d'un intérêt né et actuel à l'annulation du mariage, du vivant même des époux. Nous sommes du même avis en ce qui concerne les enfants d'un premier lit. Il est vrai que pour ceux-ci, on nous oppose une soi-disant fin de non-recevoir, tirée de l'article 371. Quelque respectable que soit le principe énoncé en cet article, ce n'est, en définitive, qu'une règle posée, sans sanction déterminée. La loi n'a nulle part indiqué quelles conséquences entraîne-rait la violation de cet article, et, dès-lors, dans le silence de la loi, il n'est pas permis au juge de créer, de son propre mouvement, une sanction arbitraire, et de trouver, dans un manque de respect, une fin de non-recevoir à une action en nullité.

5° Enfin, le ministère public a, aux termes de la loi, qualité pour proposer les nullités absolues. L'article 83 du Code de procédure civile ordonne la communication au ministère public de toutes les causes concernant l'état des personnes; en applica-tion de cette doctrine, le ministère public est donc toujours partie aux instances en nullité de mariage, même quand il ne s'agit que de nullités relatives. Les art. 184 et 185, 191, accordent, en outre, au ministère public le droit de faire valoir les nullités absolues par voie d'action principale. Mais cette action ne peut être exercée par le procureur impé-rial que du vivant des deux époux; la mort de l'un d'eux, rompant le mariage, fait cesser le scandale, et, dès lors, le rend non recevable à proposer la nullité.

Malgré la généralité des termes de l'article 190, nous croyons qu'il faut également décider que, dans certains cas, cette action ne peut plus être exercée, même du vivant des deux époux, dans le cas, par exemple, où le premier conjoint d'un époux remarié viendrait à décéder avant l'introduction de l'instance. Le motif qui a fait accorder l'action au procureur impérial dans l'article 190, n'existant plus dans l'hypothèse qui nous occupe, n'y ayant plus de scandale à faire cesser, d'intérêt d'ordre public à faire valoir, on doit lui refuser une action qui aurait plus d'inconvénients par elle-même, que l'annulation du mariage ne présenterait d'avantages.

Il y a souvent plus de scandale dans les poursuites indiscrètes d'un délit ancien et ignoré, que dans le délit lui-même, a dit M. Portalis; aussi croyons-nous que, malgré le texte des articles 190 et 191-, le ministère public n'est pas toujours obligé de poursuivre d'office les mariages entachés de nullités absolues, et qu'il a le droit, dans tous les cas, d'apprécier, selon les circonstances, si les vrais intérêts de la société qu'il est chargé de défendre exigent ou défendent son intervention. Il est vrai que l'on oppose la lettre de l'article 190 : « Le ministère public peut et doit demander la nullité,» alors que pour le cas spécial de l'article 191, la loi dit simplement : «le ministère public pourra.» Dans ce dernier cas, le ministère public peut, dit-on, apprécier dans sa sagesse, s'il y a lieu ou non d'agir; dans l'hypothèse de l'article 190, il doit au contraire agir toujours, parce qu'il s'agit de faire condamner des infractions dangereuses à l'ordre public, et qu'en présence de telles contraventions, il n'est pas permis au ministère public, défenseur des intérêts sociaux, de rester inactif et silencieux.

Nous ne pouvons adopter ce système, d'abord, parce que les conséquences qu'il entraîne sont contraires à l'intérêt bien entendu de la société elle-même; ensuite parce qu'il est formellement condamné par M. Portalis dans son exposé des motifs; enfin parce que l'article 184 n'est pas aussi impératif qu'on le croit. Pourquoi d'abord cet article 190 porte-t-il : « le ministère public peut et doit; » s'il doit, il peut, cela est évident; dès-lors que signifient ces deux mots rapprochés l'un de l'autre?

Il faut pour se rendre bien compte du sens de l'article 190, le lire en entier, et l'on arrive à se convaincre que chacune des expressions de l'article 190 a un sens différent : le ministère public peut intenter l'action, mais il doit l'intenter du vivant des époux. L'action du ministère public serait, dans bien des cas, suivie de résultats déplorables. Un mariage a été contracté par une impubère, les parents ont consenti; quelques jours encore, et le mariage, aux termes de l'article 185, ne pourra plus être attaqué. La poursuite du ministère public aurait alors certainement plus d'inconvénients que son silence; c'était aussi l'avis de M. Portalis, qui, dans son exposé des motifs, n'hésitait pas à dire : « Le ministère public ne doit se montrer que quand le vice du mariage est notoire, quand il est subsistant, ou quand une longue possession n'a pas mis les époux à l'abri des recherches directes du magistrat.»

« Gardons-nous de donner à cette censure, confiée au ministère public dans l'intérêt de la société, une étendue qui la rendrait oppressive et la ferait dégénérer en inquisition. » Telles sont les raisons qui nous font décider que l'action du ministère public n'est que facultative. Il aura, du reste, le droit, quand il sera partie principale, d'interjeter appel du jugement qui refuserait d'annuler le mariage déféré par lui aux tribunaux; mais, à l'inverse, nous ne lui croyons pas le droit de se pourvoir contre un arrêt qui aurait prononcé la nullité d'un mariage qu'il croirait valable. Le ministère public ne peut procéder par voie d'action que dans les cas spécifiés par la loi (art. 46, loi du 20 août 1810). La loi lui a donné, au titre du mariage, le droit de faire valoir certaines nullités, mais elle n'a nulle part déterminé les espèces, dans lesquelles il aurait qualité pour demander la validité du mariage; il n'y a pas lieu dès lors de lui accorder ce droit, qui ne pourrait lui appartenir qu'en vertu d'un texte législatif formel. On objecte qu'il serait regrettable « que le ministère public ne pût déjouer, en interjetant appel du jugement, les collusions frauduleuses par suite desquelles un mariage valable aurait été déclaré nul. » Nous répondrons que plus sûr est de se confier à la clairvoyance des tribunaux; car « lorsqu'il s'agit d'apprécier les faits particuliers de chaque espèce, le plus grand acte de sagesse du législateur est de s'en remettre à celle des tribunaux (Boutteville). »

CHAPITRE III.

FINS DE NON-RECEVOIR.

Les nullités absolues sont, en principe général, perpétuelles et indélébiles. Elles peuvent donc être toujours proposées sans que l'on puisse, à l'action en nullité intentée, opposer la prescription. L'extinction même de l'action criminelle ou de l'action en dommages et intérêts naissant du délit, n'entraîne pas l'extinction de l'action en nullité organisée par notre titre. L'action civile, dont il est parlé au code d'Instruction criminelle, et qui est soumise à la même prescription que l'action criminelle, est l'action qui « produite par le crime lui-même, tend à faire condamner l'auteur à la réparation du dommage causé par le fait criminel. » L'action en nullité de mariage, même naissant d'un crime prévu par la loi pénale, a un but tout différent, une origine toute différente. Ce n'est pas, à proprement parler, une action civile comme celle dont il est question au code d'Instruction criminelle; la prescription de dix ans, a laquelle celle-ci est soumise, ne lui est donc pas applicable. Telle est la règle générale, en matière de nullités absolues. La loi admet cependant que, dans certains cas, l'action en nullité peut être écartée par des fins de non-recevoir s'appliquant, les unes à toutes les nullités absolues comme, par exemple, celles qui résultent de l'extinction du droit sur lequel était basée l'action en nullité et quant aux personnes qui doivent justifier d'un intérêt pécuniaire, de la renonciation expresse qu'elles auraient pu faire au droit qui sert de base à leur action en nullité, ou du laps de temps suffisant pour que ce droit soit éteint par la prescription : les autres, à des nullités spéciales, comme celles qui résultent des articles 196 et 197 (C. N.). Enfin la loi, article 186, reconnaît même qu'une nullité absolue peut être couverte à l'égard de tout le monde, c'est la nullité résultant de l'impuberté des conjoints ou de l'un d'eux.

§ 1er. La nullité résultant de l'impuberté a des règles particulières qui font d'elle, parmi les nullités absolues, comme une sorte de genre spécial, de classe à part, qu'on pourrait nommer « nullité absolue et temporaire. » Le caractère distinctif de cette nullité est en effet de ne pouvoir être proposée que pendant un certain temps, passé lequel elle est couverte envers et contre tous.

Le mariage contracté par des époux qui n'avaient pas encore l'âge compétent, ou dont l'un n'avait pas encore atteint cet âge, ne peut plus être attaqué aux termes de la loi, dès qu'il s'est écoulé six mois depuis que cet époux ou les époux ont atteint l'âge compétent, ou bien encore lorsque la femme, qui n'était pas pubère au moment du mariage, a conçu avant l'échéance des six mois (1). Mais ces deux

(1) La rédaction de l'art. 186 pourrait faire supposer que le

faits seulement, sont susceptibles de couvrir la nullité résultant de la loi.

La ratification expresse ou tacite des époux avant
les six mois qui suivent l'âge compétent, n'aurait
pas le même résultat, bien que cela soit soutenu par
quelques auteurs. La ratification des époux peut
bien avoir pour conséquence de couvrir la nullité
résultant des vices du consentement par eux donné:
cette ratification n'est alors que la renonciation à
un droit à eux appartenant et n'appartenant qu'à
eux seuls. En telle hypothèse, la ratification se comprend : mais dans l'espèce qui nous occupe, il s'agit, non plus de la violation du droit d'une partie,
mais de la violation d'une prescription, dont l'intérêt bien entendu de la société tout entière exige le
maintien et l'exécution. Il s'agit, non plus d'une
action en nullité, qui ne peut être proposée que
par une personne déterminée, mais d'une action
que la loi accorde à tous intéressés et au ministère public. La loi pose elle-même la limite du
droit qu'elle accorde; il ne peut être permis aux
époux de la modifier à leur gré et d'enlever ainsi
aux tiers le bénéfice d'un droit que la loi leur reconnaît.

délai de six mois dont il s'agit, doit commencer à courir du jour
du mariage. Il résulte, au contraire, des discussions au conseil
d'état rapportées par Locré qu'aux yeux des rédacteurs du Code,
il suffisait pour que la nullité du mariage fût couverte que la
femme impubère eût conçu à une époque quelconque depuis la
célébration du mariage et avant l'échéance de six mois à partir
de la puberté légale (Locré, Lég. civ. T. IV, 512.)

Quant à la grossesse de la femme, elle ne couvre la nullité que si c'était la femme elle-même qui, au moment de la célébration, n'avait pas atteint l'âge compétent. La règle *Pater is est quem nuptiæ demonstrant*, ne peut pas en effet être légalement applicable à l'époux impubère, et, d'un autre côté, admettre cette fiction en pareille matière, c'était fournir à la femme pubère un moyen de maintenir par l'adultère un mariage contracté au mépris des lois (1). La grossesse de la femme, survenue au cours de l'instance, suffit pour couvrir la nullité; la loi, il est vrai, est muette sur ce point, mais l'intention du législateur semble bien avoir été d'admettre la fin de non-recevoir résultant de la grossesse survenue au cours du procès. Dans la première rédaction, à la suite du *secundo* de notre art. 185, on avait ajouté ces mots : *et avant l'époque de la réclamation;* après discussion au Conseil d'Etat, ces mots ont été retranchés : ce qui prouve qu'aux yeux du législateur cette dernière condition n'était pas indispensable.

Il est vrai de dire cependant que cette solution est contraire au principe, qui veut que pour statuer sur la question à eux soumise, les juges se reportent toujours au jour de l'introduction de l'instance.

Nous avons déjà essayé de démontrer que ce principe n'était pas essentiellement vrai, et dans la question qui nous occupe, la solution que nous

(1) Portalis, discours au Corps législatif.

donnons est trop favorable aux époux et à l'intérêt général pour qu'une telle objection puisse nous arrêter. Il appartient du reste aux tribunaux de prendre, en semblables occurrences, toutes les précautions que la prudence peut leur dicter pour éviter que des allégations, peut-être mensongères, puissent porter obstacle à l'exécution régulière de la loi.

Le père, la mère, les ascendants qui ont donné leur consentement au mariage de leur enfant impubère, ne peuvent être admis à l'attaquer. La même fin de non-recevoir peut être opposée à la famille, c'est-à-dire au conseil de famille; on a prétendu que ici famille signifiait, non pas le conseil, mais les parents individuellement. Cette théorie est inadmissible; outre que dans le langage de la loi, famille est le plus souvent employé comme synonyme de conseil de famille, comme nous l'avons déjà fait remarquer, une simple observation suffit pour trancher la question : après les ascendants, aucun membre de la famille ne peut individuellement donner son consentement. Il ne le peut qu'en qualité de membre du conseil de famille à qui seul la loi donne le droit d'accorder ou de refuser son consentement; or, la fin de non-recevoir de l'article 186 n'est opposable qu'à ceux qui ont donné leur consentement au mariage contracté par un époux impubère. Mais le consentement des ascendants ou du conseil de famille ne leur peut être opposé, que lorsqu'il s'agit de la nullité résultant de l'impuberté de l'un des époux; toutes autres nullités peuvent être invoquées par eux.

§ II. Quant à la nullité résultant de la bigamie, il n'est pas, en principe, de fin de non-recevoir qui puisse lui être opposée, la nullité du premier mariage peut être opposée comme exception à l'action en nullité du second, et cette question doit être préalablement jugée. Quelques auteurs, Toullier et Merlin, entre autres, ont voulu trouver, dans l'article 139 C. Nap., une fin de non-recevoir à l'action en nullité pour cause de bigamie, lorsqu'elle est intentée par une autre personne que le premier conjoint ou son fondé de pouvoirs.

Voici ce que porte cet art. 139 : « L'époux absent, dont le conjoint a contracté une nouvelle union, sera seul recevable à attaquer le mariage par lui-même ou par son fondé de pouvoir, muni de la preuve de son existence. » Nous croyons que la loi, dans cet article, n'a eu d'autre but que de prévenir des attaques imprudentes intentées par des tiers, alors que l'existence du premier conjoint n'est pas bien démontrée. Mais dès que l'absent est de retour, on doit rentrer dans le droit commun, car alors la bigamie est flagrante. Il y a réellement une personne qui se trouve avoir deux conjoints vivants, ce qui est contraire aux règles les plus élémentaires de notre droit. Dès-lors, l'action en nullité, aux termes de l'art. 184, doit être ouverte à toute partie intéressée, aux nouveaux époux, aux ascendants, aux collatéraux de l'absent, au ministère public en

vertu des mêmes principes qui la font accorder à
l'absent lui-même ou à son mandataire. C'est bien
ainsi, au surplus, que l'entendaient les rédacteurs
du Code. Le consul Cambacérès avait proposé
d'ajouter au titre *de l'absence*, les deux dispositions
suivantes : « 1° Le mariage ne pourra être annulé,
sous le seul prétexte de l'incertitude de la vie ou de
la mort de l'absent ; 2° si l'absent se représente, le
mariage sera déclaré nul. » La discussion fut close
en ces termes « : La proposition du consul Cambacérès est adoptée, » et le conseiller Thibeaudeau fut
chargé de rédiger un article qui reproduisît l'opinion émise par Cambacérès. L'article a été mal rédigé, la pensée qu'il devait contenir mal exprimée,
mais rien n'indique qu'elle ait été abandonnée (1).

§ III. Quant aux nullités résultant de la parenté
et de l'alliance existant entre les conjoints, nous ne
croyons pas qu'elles puissent, plus que la nullité
résultant de l'impuberté de l'un des époux, être
couvertes par des dispenses obtenues depuis la
célébration. L'ancien droit, il est vrai, disposait
autrement; mais le texte absolu de notre loi actuelle
ne paraît pas permettre de donner aujourd'hui une
semblable solution. L'art. 184 porte que tout mariage contracté au mépris des dispositions des
art. 144 et 163 peut être attaqué par tous ceux qui
y ont intérêt. Telle est la règle générale qui doit

(1) V. en ce sens, MM. Valette, Demolombe, Aubry et Rau,
Ducaurroy, Bonnier et Roustain.

être appliquée toutes les fois que, par un texte spécial, la loi n'y a pas dérogé.

A l'exercice d'une action en nullité absolue, il n'est d'autre fin de non-recevoir que celles résultant d'un texte ; or, la loi est muette, aucune disposition législative ne fait exception à la règle générale de l'art. 184, pour le cas où des dispenses auraient été obtenues depuis la célébration du mariage ; la nullité peut donc être opposée.

Cette solution est d'accord du reste avec les idées émises par les rédacteurs du Code civil lors de la discussion au Conseil d'Etat. La section de législation avait demandé que l'on défendît de proposer la nullité du mariage si les époux se trouvaient dans une situation à pouvoir obtenir des dispenses ; mais cette distinction fut rejetée par cette considération, qu'il importait de ne laisser aucun espoir à des tentatives faites pour éluder l'examen de l'autorité chargée d'accorder des dispenses et parvenir à faire confirmer des mariages qu'elle n'aurait pas permis.

IV. Enfin nous trouvons une dernière fin de non-recevoir dans l'art. 196. Lorsqu'il y a possession d'état et que l'acte de célébration du mariage devant l'officier de l'état civil est représenté, les époux sont respectivement non-recevables à demander la nullité de cet acte.

Cette fin de non-recevoir est spéciale aux époux, et ce n'est qu'à leur égard que la possession d'état suffit pour couvrir les vices de l'acte de célébration. Mais à quelles nullités la fin de non-recevoir de l'art. 196 s'applique-t-elle ?

On a soutenu que la possession d'état ne couvrait que les irrégularités de l'acte destiné à prouver la célébration ; encore bien, dit-on, cet article est-il placé au chapitre de la preuve du mariage ; en principe, le mariage ne peut être prouvé que par acte régulier. La loi fait exception à cette règle générale dans la loi qui nous occupe, mais de nullité du mariage lui même il n'en est pas question, l'art. 195 n'a donc trait qu'aux irrégularités de l'acte de mariage lui même ; l'opinion contraire est plus généralement admise ; nous la croyons aussi plus juste, et nous n'hésitons pas à nous y ratta-cher.

La possession d'état couvre les nullités résultant de l'acte de célébration de l'art. 196. De quel acte de célébration veut-on parler ? De l'acte dressé par l'officier de l'état civil ! Mais on sait qu'aucune des formalités prescrites pour les actes de l'état civil ne l'est à peine de nullité : quelqu'irrégularité qui s'y rencontre, le mariage qu'il constate est valablement contracté. Pothier disait (n° 378): « le mariage « étant parfait par le consentement que les par-« ties se donnent en présence de leur curé, avant « que l'acte soit rédigé, il s'en suit qu'il n'est pas de « l'essence du mariage et qu'il n'est requis que pour « la preuve. » Rien au Code Nap. n'annonce que les rédacteurs du Code aient voulu changer le principe énoncé par Pothier. Ils ont, au contraire, grand soin d'énoncer en quel cas la loi entendait y déroger (Art. 894-931-2129.)

Les parties ont le droit non de demander la nullité de l'acte irrégulier, mais d'en demander la rectification ; comment donc alors l'art. 196 serait-il venu opposer aux époux une fin de non-recevoir à une action qui ne leur appartient pas. Le mot *acte* dans le code signifie-t-il d'ailleurs toujours écrit *probatif instrumentum*, dressé pour servir à la constatation d'un fait, ne désigne-t-il pas quelquefois le fait juridique lui-même (*quod actum est*) ? c'est en ce dernier sens que l'art. 196 l'a employé ; l'acte de célébration, c'est la solennité même du mariage, c'est la célébration elle même ; or cette solennité du mariage, cette célébration, se compose d'éléments divers ; c'est un acte complexe, dont font partie les conditions de publicité exigées par la loi.

Il est, du reste, conforme aux règles les plus simples du bon sens et de la raison que la possession d'état puisse couvrir la nullité résultant du défaut de publicité.

Qu'est-ce que la possession d'état ?

Comment s'établit-elle ?

Il faut, pour qu'elle existe, que la femme ait porté le nom de son conjoint (*nomen*) ; qu'elle ait été reconnue comme telle dans la société (*fama*) ; que les deux parties se soient réciproquement traitées comme époux légitimes (*tractatus*). La possession d'état est donc alors la publicité du mariage par excellence, la notoriété de l'état légitime des époux.

Nous étendrons même cette fin de non-recevoir à la nullité résultant de l'incompétence de l'officier de l'état civil. Ce que la loi réclame dans l'art. 196, c'est la célébration devant un officier de l'état civil ; elle ne présuppose donc pas, comme on l'a soutenu, la compétence de l'officier. Celle-ci n'est d'ailleurs, jusqu'à certain point, qu'une des conditions de la publicité du mariage, et la possession d'état a pour effet de couvrir le vice résultant du défaut de publicité. Enfin l'incompétence de l'officier est par elle même, d'un commun accord, un vice de la célébration, et la fin de non-recevoir de l'art. 196 C. N. a justement pour objet de couvrir les vices de la célébration. Il n'y a donc pas de bonnes raisons pour distinguer entre les deux hypothèses. Aussi croyons-nous devoir leur appliquer les mêmes règles, et repousser par la même fin de non-recevoir les actions basées sur le défaut de publicité du mariage et celles qui reposent sur l'incompétence de l'officier qui l'a célébré.

APPENDICE.

Telles sont les nullités que la loi organise et reconnaît; le Code Napoléon a consacré un chapitre spécial aux demandes en nullité, et il résulte de l'esprit général de ce chapitre, comme des discours de M. Portalis au Corps législatif, et des discussions qui ont eu lieu au Conseil d'Etat, que les dispositions de la loi, sur une telle matière, doivent être considérées comme restrictives. Quelques personnes cependant ont soutenu l'existence de certains empêchements dirimants, encore en vigueur aujourd'hui d'après elles, bien qu'il faille les aller chercher en dehors du Code. On sait que l'ancien droit admettait, après les nullités absolues qui résultaient de la bigamie, de l'inceste, de l'impuberté, de la clandestinité du mariage ou de l'incompétence de l'officier qui l'avait célébré, d'autres nullités également absolues, et qui naissaient de l'alliance spirituelle, de l'honnêteté publique, du rapt, de la séduction, de l'adultère, du meurtre, de la différence de couleur, de la diversité de religion, de l'engagement dans les ordres ou dans la prêtrise, du défaut de consentement du chef de la famille royale au mariage d'un membre de cette famille.

Les huit premiers empêchements n'existent plus aujourd'hui, cela n'est pas contesté ; il n'en est pas de même des deux derniers. Nous exposerons le plus brièvement possible les controverses agitées à ce sujet.

Et d'abord l'engagement dans la prêtrise constitue-t-il un empêchement dirimant ?

La loi de germinal, disent les partisans de l'affirmative, a remis en vigueur les canons de l'Église reçus en France. Cela résulte, prétendent-ils, de la combinaison des art. 6 et 26 de la loi organique des cultes qui portent : l'art. 6, que les cas d'abus sont : l'infraction aux règles consacrées par les canons reçus en France, l'attentat aux coutumes de l'Église gallicane ; l'art. 26, que nul ne pourra être ordonné prêtre qui ne réunisse les conditions et qualités requises par les canons reçus en France. Or, aux termes de ces canons, l'engagement dans les ordres sacrés forme un empêchement au mariage : donc le mariage du prêtre est interdit.

L'engagement du prêtre est à la fois civil et religieux : civil, parce qu'en remettant en vigueur les canons reçus en France, la loi de germinal en a, par cela même, reconnu la force obligatoire ; civil encore, parce que les conditions de cet engagement sont requis aussi bien par la loi civile que par la loi ecclésiastique.

Aux termes de la loi de germinal, la liste des futurs ecclésiastiques doit être présentée au préfet, avant l'ordination, ordination qui ne peut avoir lieu que quand le futur ecclésiastique remplit certaines conditions, certaines qualités que la loi civile exige et détermine. L'État intervient dans l'ordination, et son intervention est la sanction donnée par le pouvoir civil aux règles ecclésiastiques que le prêtre s'engage à respecter. Si la loi ne permettait pas les vœux perpétuels du prêtre, quelle différence ferait-elle donc entre l'engagement de celui-ci qu'elle permet, auquel elle préside, et celui du moine qu'elle défend. Si les lois des 13, 23 février 1790 ont aboli les ordres monastiques, elles ont laissé subsister la prêtrise; la loi de 1792 a fait plus : en accordant au prêtre un salaire, en l'exemptant de certains services onéreux, en lui accordant certaines immunités, certains priviléges, en échange de l'engagement qu'il prenait : elle a formé entre l'État et lui un contrat, qu'il ne peut être au pouvoir de ce dernier de rompre à lui seul; les principes les plus élémentaires du droit s'y opposent (1). D'un autre côté, permettre à l'ecclésiastique de contracter mariage, n'est-ce pas se rendre complice d'un scandale, porter atteinte à l'exercice public du culte. C'est là un délit contre la religion et la morale (Locré, IV, 610) que le gouvernement ne peut tolérer, pour employer l'expression de M. Portalis, dans sa lettre au préfet de la Seine-Inférieure des 3 janvier, 9 février 1807.

____

(1) Les conventions légalement formées tiennent lieu de loi à ceux qui les ont faites. art. 1134, C. N.

L'État s'est, par la loi du 19 germinal an X, engagé à protéger, contre toute atteinte, le libre exercice du culte, à plus forte raison ne doit-il pas lui-même, par ses agents, par ses magistrats, contribuer à le troubler.

Cette solution ne nous paraît pas devoir être admise. Les travaux préparatoires, les discours des conseillers d'État ou des tribuns, chargés de développer le projet de loi devant le Corps législatif, s'opposent à l'admission d'une semblable doctrine. « Vous ne trouverez plus dans la loi nouvelle, dit le tribun Gillet, aucun de ces empêchements opposés par des barrières purement spirituelles, non qu'elles ne puissent s'élever dans le domaine respecté des consciences ; mais elles ont du disparaître dans le domaine de la loi, dirigée par des vues d'un autre ordre. »

Et M. Portalis : « La prêtrise n'est point un empêchement au mariage ; une opposition au mariage, fondée sur ce point, ne serait pas reçue, parce que l'empêchement provenant de la prêtrise n'a pas été sanctionné par la loi civile. »

Et dans son discours au Corps législatif, il ajoute : « Pour les ministres que nous conservons, la défense qui leur est faite du mariage par les règlements ecclésiastiques, n'est plus consacrée par un empêchement dirimant. »

D'ailleurs, peut-on valablement soutenir que les canons de l'Église aient été remis en vigueur par la loi de germinal ? Mais alors il les faut prendre tous, en entier, tels qu'ils existaient sous l'ancienne monarchie : il faut admettre que les empêchements, basés sur l'alliance spirituelle, sur la diversité de religion, sont encore en vigueur aujourd'hui ; car la loi de germinal n'a pas distingué ; il faut admettre aussi que le mariage n'est valable que s'il a été célébré par le propre curé.

S'il était vrai que les canons de l'Eglise eussent été remis en vigueur par la loi de germinal, pourquoi donc a-t-il fallu une loi pour abolir le divorce, que ces canons défendaient ?

S'il était vrai que l'Église catholique eût le privilége de voir ses règles particulières devenir lois de l'État, que signifierait donc ce grand principe écrit dans la Charte de 1814 : « Chacun professe sa religion avec une égale liberté, et obtient pour son culte la même protection. » Si un tel argument est fondé, a dit un auteur, je me fais fort d'en faire sortir l'ancien régime tout entier ? Une telle théorie est insoutenable.

L'État intervient dans l'ordination, l'ordination est un acte à la fois civil et religieux, dit-on : Nullement ; reportons-nous aux travaux préparatoires, reportons-nous au discours du tribun Boutteville au Corps législatif : « Un acte religieux, dit-il, en parlant de l'ordination, ne serait pas un acte vraiment religieux, il ne serait pas digne de Dieu, s'il n'était qu'un acte d'obéissance à des règlements de

(1) Rapport du 3 frimaire.

la puissance humaine. » L'intervention de l'Etat, lors de l'ordination, n'est qu'une mesure de police, dont les motifs sont faciles à comprendre, et dont le véritable caractère résulte clairement de la combinaison des art. 24 et 26 de la loi de germinal. C'est une conséquence du droit que l'Etat s'est réservé de surveiller l'exercice du culte catholique, pouvoir qu'il a fait consacrer par la loi organique de germinal an X, et que le concordat du 26 messidor an IX, lui reconnaissait déjà. « Le culte sera public, dit l'art. 1ᵉʳ de la loi du 18 germinal an X, en se conformant aux règlements de police, que le gouvernement jugera nécessaires pour la tranquillité publique. »

Déduisez-vous l'engagement civil du prêtre, du traitement que l'Etat lui sert, des immunités qu'il lui accorde? Mais la même situation est faite, par la loi, aux ministres des cultes protestant et israélite.

Mais ce traitement n'est attaché par l'État qu'aux fonctions que l'ecclésiastique remplit.

Que décideriez-vous, d'ailleurs, si le prêtre venait à changer de religion, aujourd'hui que la liberté de conscience est un des principes fondamentaux de notre droit et de notre constitution sociale? « Le vœu monastique et la disparité de culte qui, dans l'ancienne jurisprudence, étaient des empêchements dirimants, ne le sont plus, dit Portalis dans son exposé des motifs. Ils ne l'étaient devenus que par des lois civiles qui prohibaient les mariages mixtes et qui avaient sanctionné les règlements ecclésiastiques relatifs au célibat des prêtres séculiers et réguliers. Ils ont cessé de l'être depuis que la liberté de conscience est devenue elle-même une loi de l'Etat, »

La loi de germinal eût-elle, au surplus, fait de l'engagement dans la prêtrise un empêchement au mariage, que cet empêchement n'existerait plus aujourd'hui. Le Code est à la fois une loi postérieure et une loi complète sur le mariage, et aux termes de l'art. 6 de la loi du 30 ventôse an XII, toutes coutumes, lois ou réglements ont cessé d'avoir force de loi générale ou particulière dans les matières qui sont l'objet des lois composant le Code civil. Dès lors c'est dans le Code, et rien que dans le Code, que l'on doit chercher quelles sont les qualités et conditions requises pour contracter mariage ; rien que dans le Code que l'on doit chercher les empêchements dirimants : le Code est muet sur les conséquences, quant au mariage, de l'engagement dans la prêtrise. Son silence ne nous permet pas de créer un empêchement que le législateur n'a pas édicté. Le mariage des prêtres est au reste si peu défendu par la loi, que dans le courant de l'année 1813, l'empereur Napoléon Ier chargea la section de législation du Conseil d'Etat de rédiger un projet de loi qui interdît le mariage aux prêtres catholiques.

Or, ce projet n'a jamais été rédigé, et depuis le Code civil aucune loi n'a prohibé le mariage aux ecclésiastiques réguliers.

Nous croyons donc que la seule théorie juridique,

d'accord avec les travaux préparatoires et l'esprit général de notre législation, est celle qui refuse à l'engagement dans les ordres sacrés la qualité d'empêchement dirimant ; elle est, du reste, presque universellement admise.

Sous l'ancienne monarchie, suivant un vieil usage, les princes du sang ne pouvaient contracter mariage sans le consentement du roi. Nul texte ne prononçait cependant la nullité du mariage contracté sans l'agrément du souverain : quoi qu'il en soit, le mariage du duc d'Orléans avec une princesse de Lorraine fut, sur appel comme d'abus, cassé par arrêt du mois de septembre 1634. En 1635, une assemblée du clergé sanctionna cette jurisprudence, qui resta en vigueur, théoriquement du moins, jusqu'à la révolution.

Quelques auteurs soutiennent que cette règle de l'ancien droit est toujours applicable, en d'autres termes que le mariage contracté par un prince de la famille du souverain, pourrait être annulé pour défaut du consentement du chef de l'Etat.

Nous ne sommes pas de cet avis. Il est de principe que c'est dans le Code civil que l'on doit aller chercher les seules causes de nullité que la loi reconnaît et sanctionne.

Or, au Code, il n'est aucune règle, aucun article, qui fasse du consentement du souverain une condition essentielle de la validité du mariage d'un membre de sa famille,

Il est vrai qu'il existe deux textes législatifs, le

sénatus-consulte du **28** üoréal a_n **XII**, et le décret du 30 mars 1805, qui disposent « que les unions contractées à tout âge par les princes ou princesses de la famille impériale, sont nuls et de nul effet, de plein droit, sans qu'il soit besoin de jugements, toutes les fois que l'empereur n'aura pas donné son consentement exprès au mariage contracté » : disposition que, du reste, la constitution actuelle ne reproduit pas.

Le sénatus-consulte des **7-10 novembre 1852** porte, art. 4 : « Que les membres de la famille impériale ne peuvent se marier sans le consentement de l'empereur ; que le mariage fait sans cette autorisation emporte privation de tout droit à l'hérédité, tant pour celui qui l'a contracté que pour les descendants. » Mais la nullité de ce mariage n'est nulle part prononcée. Fût-elle prononcée par un décret, que les juges devraient se refuser à l'admettre. La constitution reconnaît au chef de l'État le droit de faire, le Conseil d'État entendu, des décrets pour faciliter *l'exécution* des lois, mais aucun texte ne lui donne celui de changer ou modifier par décret, les règles qui déterminent l'état des personnes : Tous les Français sont égaux devant la loi. Un décret, un sénatus-consulte seraient insuffisants pour porter atteinte à cette règle fondamentale de notre droit ; alors surtout que la constitution de 1852 porte (art. 1er) qu'elle reconnaît, confirme et garantit les grands principes proclamés en 1789, et qui sont la base du droit public du Français.

POSITIONS.

DROIT ROMAIN.

I. A l'époque de Justinien deux personnes alliées au degré de cousins germains pouvaient contracter mariage.

II. Le droit romain reconnaissait un mariage de droit des gens.

III. Le mariage contracté au mépris des prohibitions de la loi Julia n'était point nul.

IV. Le délai de viduité constituait un simple empêchement prohibitif.

V. Le mariage était prohibé après l'âge de cinquante ans pour les femmes, de soixante ans pour les hommes.

VI. Le mariage contracté par le fils non émancipé sans le consentement du père était nul.

VII. La captivité de l'un des conjoints dissout le mariage.

VIII. La bonne foi des époux peut les affranchir des peines prononcées contre les conjoints incestueux.

IX. L'empêchement temporaire venant à cesser, le mariage commençait à valoir du jour de la cessation de l'empêchement, mais n'était pas valide rétroactivement.

X. L'empêchement survenu au cours du mariage avait pour effet d'invalider l'union.

DROIT FRANÇAIS.

XI. La nullité, résultant du défaut de publicité de la célébration, ou de l'incompétence de l'officier de l'état civil, peut être couverte par la possession d'état dont il est question à l'art. 196.

XII. L'alliance au Code civil ne résulte que du mariage, non plus, comme dans l'ancien droit, de tout commerce illicite.

XIII. L'interdit pour cause de démence, d'imbécillité ou de fureur, ne peut contracter mariage.

XIV. La parenté naturelle n'est un obstacle au mariage, que quand elle est légalement établie.

XV. L'engagement dans les ordres constitue un empêchement prohibitif.

18

XVI. Le mariage peut être célébré au lieu du domicile réel, même sans résidence préalable de six mois.

XVII. Le défaut de publications en France d'un mariage célébré à l'étranger n'en entraîne pas la nullité.

XVIII. L'erreur sur l'individualité civile rend le mariage annulable.

XIX. Les ascendants peuvent proposer les nullités absolues, sans avoir à justifier d'un intérêt pécuniaire actuellement existant.

XX. Les créanciers ayant un intérêt né et actuel peuvent proposer les nullités absolues.

XXI. Dans le cas de retour de l'époux absent, lorsque son existence est actuellement prouvée, toute personne intéressée et le ministère public ont le droit de proposer la nullité du deuxième mariage de son conjoint.

XXII. Le ministère public n'a pas qualité pour interjeter appel d'un jugement qui déclare nul un mariage qu'il croit valable.

XXIII. Le dol n'est pas une cause de nullité de mariage.

DROIT PÉNAL.

XXIV. La question préjudicielle de la validité du premier mariage serait admise contre une accusation de bigamie. Peu importe que la nullité, proposée par l'accusé, soit absolue ou relative. Dans les deux cas, la cour d'assises doit surseoir à statuer, jusqu'à ce que les tribunaux civils aient prononcé sur la validité du mariage.

XXV. Le droit de légitime défense ne doit être admis que quand il s'agit d'une aggression contre la personne.

HISTOIRE DU DROIT.

XXVI. L'obtention de dispenses postérieurement au mariage légitimait les enfants.

XXVII. Le droit canonique prohibait le mariage entre le baptisé et celui qui l'avait tenu sur les fonts du baptême; l'alliance spirituelle était un cas de nullité.

DROIT ADMINISTRATIF ET INTERNATIONAL.

XXVIII. L'étranger divorcé à l'étranger peut se remarier en France.

XXIX. Lorsque, à la suite d'un décret déclaratif d'utilité publique, l'exécution de certains travaux, il est intervenu un jugement d'expropriation, l'administration ne peut, sans le consentement des parties, renoncer au bénéfice de ce jugement, ni au profit du propriétaire, ni au profit des locataires.

Vu par le Président de la Thèse, Doyen de la Faculté.

C. A. PELLAT.

Vu par l'inspecteur-général Ch. GIRAUD.

Permis d'imprimer.

Le Vice-Recteur,

A. MOURIER.

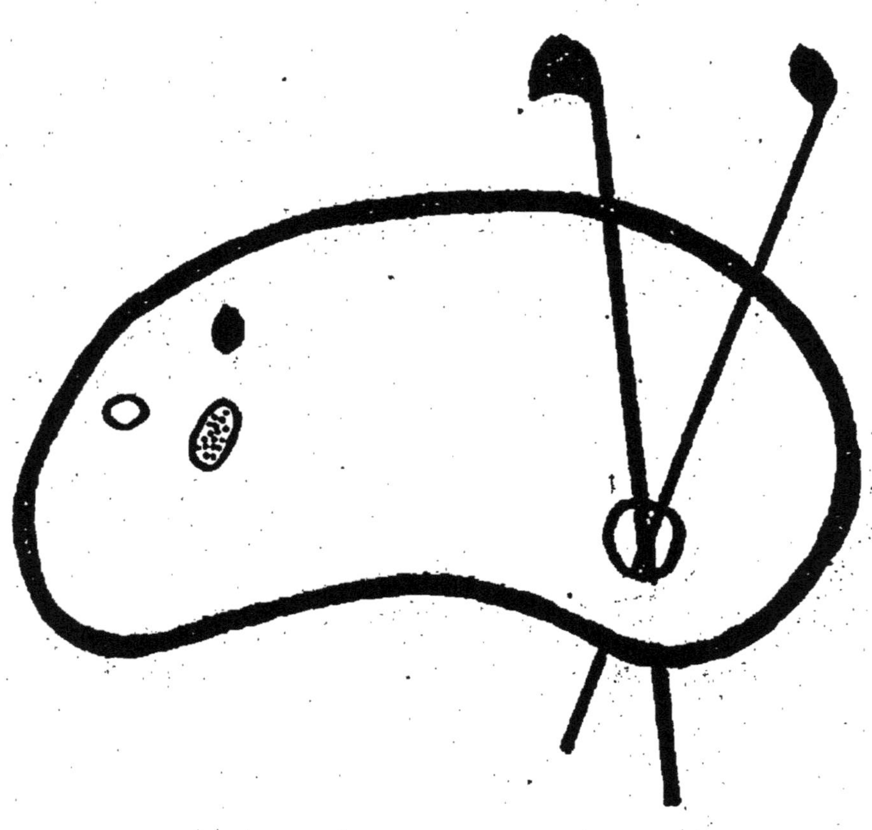